Du même auteur

Communiquer, mode d'emploi, Marabout, 2001.
Le Guide de la communication, Marabout, 1999.

Dessins de Didier Neel

33, rue Linné
75005 Paris – France
E-mail : info@editionsleduc.com
ISBN : 978-2-84899-348-5

JEAN-CLAUDE MARTIN

5 minutes... pour convaincre

LEDUC.S EDITIONS

Sommaire

Avant-Propos	**7**
Introduction – 5 minutes dites-vous ?	**9**
1 – Se montrer sympathique	**13**
2 – Écoutez ses gestes	**31**
3 – Se faire bien comprendre	**61**
4 – Argumenter pour avoir raison	**109**
5 – Convaincre un public	**133**
6 – Des supports visuels pour convaincre	**159**
7 – La dialectique de combat	**193**
Conclusion	**239**
Bibliographie	**241**
Table des matières	**243**

Avant-Propos

Convaincre n'induit pas nécessairement une lutte d'influence, un combat d'argumentations agressives, une série de coups bas et des attitudes de mauvaise foi pour avoir raison à tout prix.

On peut faire valoir ses points de vue sans pour autant en arriver à la confrontation. C'est même, à notre avis, ce qui se passe dans la majorité des situations.

Pour convaincre, il faut déjà savoir bien communiquer. Savoir exprimer de façon efficace ses opinions, ses idées, ses souhaits, ses prétentions à…

C'est pour cela que nous avons choisi de commencer par parler de ce qui est en amont de tout échange verbal. Mettre tous les atouts de son côté avant d'user de son savoir-faire dans des joutes contradictoires, c'est fourbir ses armes pour mieux les utiliser ensuite.

La démarche peut paraître machiavélique parfois, mais cela dépendra de l'utilisation que vous en ferez.

Et ne vous dites pas que vous n'êtes pas « doué » pour imposer vos points de vue ou pour répondre du tac au tac aux agressions verbales. Quand vous aurez les outils nécessaires et la manière de les mettre en œuvre, il vous suffira de si peu pour avoir raison des autres !

Introduction

5 minutes dites-vous ?

« Il faut laisser le temps au temps ! » dit l'un. *« Le temps nous est compté »* dit l'autre. Qui a raison ? Sans doute celui qui dit : *« Ceux qui emploient mal leur temps sont les premiers à se plaindre de sa brièveté. »* Merci Monsieur de La Bruyère !

5 minutes pour convaincre ? Ça a du caractère et c'est provocateur. Eh bien non ! C'est la vérité prise au mot. Le temps ne fait rien à la force de conviction, on peut convaincre d'une phrase, si la phrase est bien choisie, bien dite et au bon moment à la bonne personne.

Mais le moyen d'y parvenir ? Ce qui prend du temps c'est l'acquisition des savoir-faire.

Que vous soyez en entretien, en exposé, en discours ou en discussion avec qui que ce soit, ce n'est jamais, ce ne sera jamais l'ensemble de votre intervention qui convaincra, c'est le petit moment privilégié, la repartie bien ciblée, ce petit plus où votre argument fera mouche, où votre remarque sera judicieuse, où votre humour créera la sympathie, où votre flèche verbale mettra votre débatteur les bras en croix sur le carreau. Point n'est besoin de chronométrer le K.-O. si vous avez visé juste.

Croyez bien que je n'ai pas été sans remarquer que quelques beaux parleurs le font à l'esbroufe ou au bavardage. Raison de plus pour ne pas les laisser faire, raison de plus pour leur prendre la parole car elle est à prendre. On ne vous donne pas la parole ? Volez-la !

Pour obtenir ce pouvoir de convaincre, il faut déjà comprendre le phénomène persuasif. Savoir cerner la faiblesse de certaines argumentations, pouvoir décoder les attitudes et les comportements, appréhender convenablement une situation délicate, voilà les armes de l'honnête homme qui pense avoir raison et qui veut le faire savoir.

Il ne suffit pas d'être convaincu soi-même pour convaincre les autres, ce serait trop facile.

J'ai donc privilégié ici les outils qui ne demandent qu'un peu d'apprentissage pour vous donner ce pouvoir. Car c'est un véritable pouvoir. Ces savoir-faire vous permettront d'avoir des schémas de fonctionnement faciles à mettre en œuvre quelles que soient vos dispositions naturelles à bien communiquer. Pour peu que vous le vouliez.

On ne peut agir que sur ce que l'on comprend.

Il suffit d'apprendre pour savoir et de savoir le faire savoir. De nombreux exercices, des tests et des jeux de réactivité parcourent ce livre pour qu'il ne soit pas un simple recueil de conseils dont tout le monde se bat l'œil quand il s'agit de vivre les réalités tant professionnelles que personnelles.

Ces jeux, tests, exercices et énigmes sont des déclencheurs, ils ne sont pas là simplement pour distraire, ils ouvrent aussi des horizons, ils créent des prises de conscience qui vont élargir les champs d'action de vos argumentations gagnantes.

Chaque situation de communication a son espace de réussite. Qu'il s'agisse pour vous d'améliorer l'impact de vos prises de parole en public, de faire adhérer à vos idées ou à vos opinions un public important ou votre voisin de palier, que vous ayez à faire bonne figure dans les divers entretiens professionnels que vous menez ou que vous subissez, que vous ayez à répondre en quelques secondes à un journaliste, à débattre pour imposer votre point de vue, ou tout simplement à mieux gérer vos disputes de crises conjugales, chaque situation, chaque cas de figure a son espace de réussite, c'est cet espace-là, qu'il vous faut optimiser avec toutes vos capacités et tout votre potentiel.

Ce livre vous y aidera en vous donnant **le pouvoir de convaincre** au bon moment.

1

Se montrer sympathique

« On n'a pas deux fois l'occasion de faire une bonne première impression »

« TU VEUX CONVAINCRE ? ESSAYE DÉJÀ D'ÊTRE ÉCOUTÉ ! »

« Oh ! Je déteste ce type !
– Tu le connais ?
– Non ! »

« Il ne me revient pas celui-là ! »

A priori cela pourrait passer pour un délit de sale gueule mais le mâtin est de belle taille, bien mis, assez élégant et de bonne mine. Alors vous vous rendez compte, s'il était noir, ou arabe ou mal habillé ou…

« C'est du racisme ça ! » Hélas oui ! C'est la subjectivité des facteurs de sympathie dont parle le sociologue Mehrabian. La preuve : notre type est avec une très jolie fille qui, apparemment, elle, le trouve très sympathique.

Sur le plan moral et éthique ce n'est pas défendable. Mais dans la réalité c'est bien ainsi que nous réagissons tous et toutes sans le dire toujours. Il y a des gens que nous trouvons sympas et d'autres pas !

Vous le savez, vous le vivez tous les jours d'un simple regard, aussi furtif soit-il. Vous vous faites une opinion globale de cet homme, de cette femme que vous ne connaissez pas, à qui vous n'avez même pas encore adressé la parole. Après, plus tard, il est possible que vous reveniez sur votre jugement, mais cela va être difficile, très difficile de se déjuger.

« J'sais pas pourquoi j'ai raison mais je me le prouve ! »

« La première impression est toujours la bonne ! » Se déjuger, c'est risquer d'être incohérent avec soi-même, cela nous déstabilise, alors nous préférons nous en tenir à notre première impression. Dès lors, nous allons chercher tous les détails, tous les comportements qui pourraient apporter de l'eau à notre moulin. Une sorte de satisfecit que nous nous octroyons.

On peut toujours chercher ce qui motive notre jugement, mais il est si difficile de retrouver la source de nos présupposés. Ils se sont construits avec notre histoire et notre personnalité. C'est à coups de vécus que nous nous sommes fabriqué des archétypes et des stéréotypes qui construisent nos vérités.

« Je fais un détour pour acheter le journal »

C'est d'abord nos comportements qui décident de la relation. Quand je vais acheter mon journal, l'objectif est clair, et les trois mots que j'échange avec le vendeur ne nécessitent sans doute pas qu'on en fasse une étude en quatre volumes. Et pourtant ! Pourquoi est-ce que je prends mon journal chez celui-là qui est deux rues à côté, plutôt que chez cet autre qui est sur mon chemin et chez qui je ne vais plus ? Le journal du jour est le même, le prix à payer aussi, alors ?

Alors il y en a un que j'aime bien ! Et l'autre que je ne peux pas supporter ! Pourquoi ?

Celui-ci, quand j'y vais, me tient la jambe pendant des « cinq minutes » tandis que mon temps m'est compté. D'autres jours, au contraire, il n'ouvre pas la bouche et me fait une tête de six pans de long. Ça dépend de ses humeurs ! Qu'ai-je à faire de ses humeurs, moi ?

Celui-là, en revanche, est très poli, très aimable, me dit deux ou trois banalités sur le temps qu'il fait, me souhaite une bonne journée, je n'en demande pas plus à mon buraliste. Je ne suis pas en attente d'autre chose. Celui-là m'est sympathique, celui-ci pas du tout. Notre relation, même anodine, s'en ressent. La preuve : je me sers chez l'un, je ne vais plus chez l'autre.

« Je t'aime ! » « Moi non plus ! »

Ça colle ou ça ne colle pas entre nous deux ? Pourtant, le buraliste chez lequel je ne vais plus ne tombe pas en faillite et il a des clients. Ça ne colle pas avec moi, ça doit coller avec d'autres. Il y a de grandes chances d'ailleurs pour que, si l'on interroge le vendeur chez qui je ne vais plus, lui aussi porte sur moi un jugement négatif, et pas seulement parce que je ne lui achète plus mon journal.

Ça tient à quoi tout ça ? Aux comportements ! Mais dans ces situations, aussi anodines soient-elles, émerge déjà un rapport de force basé sur une dualité capitale : la relation « domination-soumission ».

Prenez garde

C'est d'abord sur les comportements que nous nous retrouvons, beaucoup plus que sur les mots, les opinions ou les idées.
La sympathie ou l'antipathie que l'on ressent vis-à-vis de quelqu'un repose d'abord sur notre compréhension de sa manière d'agir.

Il ne faut pas juger les gens sur la mine ! Ah bon ?

« Je sais qu'il ne faut pas juger les gens sur la mine... Je sais ! Mais celui-là quand même ! Quand il se mouche, on dirait le siphon de mon lavabo... Il faudrait que je le fasse réparer d'ailleurs, ce siphon, parce qu'il fait un bruit pas possible ! »

« Et puis tu as vu sa dégaine ? Même pas rasé et la chemise plus que douteuse ! Il doit sentir mauvais, je suis sûr qu'il sent mauvais ! D'ailleurs je le sens d'ici. Cela me fait penser qu'il faut que j'achète de l'eau de toilette, depuis le temps ! J'oublie toujours ! »

« Et sa manière de se tenir ? Ce ne sont pas des choses à faire ça, les jambes écartées, le ventre en avant. »

« Et puis, tu as vu comment il tient son verre et sa façon de boire ? On dirait qu'il va cracher, il gonfle les joues avant d'avaler, c'est dégoûtant. Je me demande comment une fille comme elle peut vivre avec un garçon comme lui. »

« Je te raconte pas son air prétentieux, le menton vers le ciel, le cou raide il se prend pour un nabab. J'ai horreur de ces gens-là, on dirait que tout leur est permis ! Et la paille qu'il a dans l'œil, tu la vois la paille ? »

« Quoi la poutre ? Quelle poutre ? Quoi c'est moi ? Ah c'est moi ! Dans la glace, là, c'est moi ! Je ne m'étais pas reconnu... Eh bien quoi ? Je suis encore pas si mal après tout ! »

« PAS SYMPA, VOUS NE CONVAINCREZ PAS ! »

Convaincre, c'est faire adhérer l'autre à ses idées, à ses opinions. Ces présupposés qui nous entraînent vers la subjectivité sont si forts que le meilleur des arguments, la meilleure des preuves objectivement acceptables sera frappée d'un non-recevoir cinglant.

« Je ne vais pas me plier à la raison de cet énergumène qui ne me plaît pas, cela voudrait dire que je lui ressemble ! » Mais il y a pire encore, mon propre comportement va l'influencer de la même manière. Si je lui fais la gueule, il me fera la gueule ! Chacun induit l'autre et réciproquement.

Réfléchissez à votre propre expérience : *« Y a-t-il une seule personne que vous n'aimiez pas du tout, du tout, alors que vous savez qu'elle vous aime beaucoup, beaucoup ? »*

Vous pouvez ne pas délirer d'affection pour elle, mais force est de reconnaître qu'elle n'est pas totalement sans intérêt puisqu'elle vous trouve intéressant ! Vous ne pouvez pas dire de quelqu'un qu'il est « totalement con ! » s'il vous trouve bien ! Convaincre passe donc d'abord par un minimum de reconnaissance et de partage dans le comportement.

Les facteurs comportementaux de sympathie

Dans notre culture française les facteurs comportementaux de sympathie, c'est-à-dire les comportements connotés comme positifs par la majorité d'entre nous, sont simples : le regard, le sourire, l'ouverture gestuelle, l'écoute de l'autre.

Naturellement ces facteurs-là ne sont pas universels, selon les pays, les cultures, ils peuvent changer de sens et même aller à l'encontre du but recherché. Pour les Japonais le regard trop directif peut devenir une impolitesse ; le sourire dit « vrai », où l'on montre les dents du haut et celles du bas, n'est « vrai » qu'aux États-Unis alors que, pour nous, il passe pour être factice.

LES QUATRE FACTEURS QUI ENGENDRENT LA SYMPATHIE

1. Regardez...

Regarde et partage

Le regard est un geste qui touche à distance. Il est facilitateur de la communication si la situation est claire, mais attention si vous regardez de façon persistante quelqu'un qui ne sait pas pourquoi vous le regardez, c'est l'effet inverse qui va se produire, le regard devient facteur de fuite. De la même manière si vous fixez quelqu'un de trop près, votre regard peut devenir une agression. Il n'y a qu'à voir le regard que se lancent deux boxeurs front contre front avant un combat !

J'ai l'air d'être ici mais je suis là-bas

Il y a des situations où le regard va nous permettre de prendre du recul, de nous éloigner artificiellement. Regardez ce que nous faisons quand nous nous retrouvons dans un petit ascenseur, seul en face d'un inconnu. Chacun essaye de prendre, avec le regard, la distance qu'il ne peut pas prendre avec les pieds. Ils s'éloignent par le regard qu'ils posent. L'un regarde si les étages se suivent bien dans l'ordre sur le panneau lumineux, des fois que le troisième étage ne soit pas après le deuxième ! L'autre relit pour la cent unième fois les mesures de sécurité sur la fiche « En cas d'incident ».

S'il y a une autre personne, elle n'aura pour s'isoler que la glace où elle rectifiera une mèche de cheveux ou repositionnera sa cravate. En cas de besoin, on peut toujours regarder ses chaussures et éviter ainsi le regard de l'autre.

Vous conviendrez qu'en étant ici et ailleurs on n'est nulle part et pour convaincre il vaut mieux être là.

Réfléchissez sans partir ailleurs

Dans la réflexion, il vous arrive souvent d'aller réfléchir ailleurs comme pour vous isoler. Apprenez à réfléchir en regardant ceux qui vous parlent ou ceux à qui vous parlez. Vous verrez, avec un peu de contrôle sur soi, on y arrive très bien et l'on ne coupe pas la relation.

Vous n'avez pas les bras assez longs ?
Vous voilà retors !

Quand en vieillissant vous vous apercevez que vous avez des difficultés à lire de près, vous achetez des demi-lunes. Mais cela vous oblige à regarder par-dessus les montures pour voir plus loin, vous conduisant à baisser la tête. Votre interlocuteur se sent alors inspecté par « en dessous ». C'est proprement le regard du retors qui porte des regards qui ne sont pas dans l'axe de sa tête. Les gens pensent : *« Danger ! Il m'attend au coin du bois ! »* et votre image, que vous souhaitiez chaleureuse et sympathique, en prend un sacré coup.

Si vous avez vraiment besoin de lunettes pour voir de près, prenez donc des verres progressifs, ils seront peut-être neutres dans leur partie haute mais votre regard lui, sera direct et franc.

Un simple regard pour déstabiliser l'autre

✦ Mettez-vous près d'un feu rouge, regardez fixement un conducteur arrêté à 1,50 mètre de vous. Il va d'abord faire semblant de s'occuper en vous épiant du coin de l'œil et en gardant sa surveillance du feu. C'est lui qui démarrera le premier, il fuit le plus rapidement possible. ➜

- Regardez d'un côté et en même temps montrez du doigt le côté opposé, vous allez voir la difficulté dans laquelle vous mettez votre interlocuteur. Le regard est aussi fort que votre geste. Il ne sait plus lequel il faut suivre.
- Si vous êtes en face-à-face rapproché, pendant que vous écoutez votre locuteur regardez fixement son oreille gauche. La gêne est si forte qu'inconsciemment vous le verrez déplacer progressivement sa tête pour se recadrer dans l'axe de votre regard. C'est cet instant que vous choisirez pour déplacer votre regard et fixer son oreille droite. Je peux vous garantir qu'il aura du mal à garder sa maîtrise d'expression. Profitez de ce moment de faiblesse pour prendre l'ascendant si nécessaire.

Vous comprendrez aisément toute l'importance que nous attachons, nous Français, à ce regard, en listant le nombre des expressions qui y font référence. Vous trouverez une foultitude d'expressions.

Les expressions qui nous regardent

- « Il ne vous regarde jamais en face. »
- « Il a le regard fuyant. »
- « Il vous regarde de travers. »
- « Regarde-moi dans les yeux quand tu dis cela ! »
- « Il vous déshabille du regard. »

- « Il m'a fusillé du regard. »
- « Je pose mon regard sur… »
- « Ça ne le regarde pas ! »
- « Nos regards se sont croisés », etc.

Vous ne convaincrez donc jamais personne en regardant ailleurs. Mieux encore, vous l'avez vu, c'est grâce à ce regard que vous pouvez décoder son comportement. Si votre regard est parti vous perdez toutes les informations que vous pourriez recueillir par le décryptage du non-verbal dont nous allons parler.

2. Ouvrez votre gestuelle

Le coude est l'âme du bras !

On ne va pas écouter un homme fermé ! Si vous restez coudes au corps, la tête dans les épaules, vous donnerez l'apparence étriquée du timide, de quelqu'un qui n'est pas sûr de lui, votre posture sera en contraction et reflétera une attitude de soumission. Dès lors, ne soyez pas étonné si votre ou vos interlocuteurs prennent une attitude de domination. Ils ne vous écouteront pas vraiment et vous contreront sans crainte. Vous aurez du mal à vous imposer.

Mais attention ! Vouloir prendre une attitude de domination, c'est-à-dire une posture en extension, du style menton relevé et torse bombé, ne sera pas plus efficace. Vous risquez de bloquer vos interlocuteurs et surtout de passer déjà, à leurs yeux, avant même que vous vous exprimiez, pour quelqu'un d'antipathique, de prétentieux, quelqu'un qu'il faut abattre : *« Non mais pour qui il se prend celui-là, tu vas voir !* » Et nous l'avons dit, sans un minimum de sympathie, aucune chance de faire adhérer l'autre.

Laissez vos mains au bout de vos bras !

Cela va dépendre des règles proxémiques, c'est-à-dire de l'espace et des distances qui vous séparent des autres. Si vos gestes, sous prétexte d'ouverture, battent l'air comme des sémaphores, si vous leur « mangez » l'espace, vous les mettez dans des conditions d'écoute minimum avec le désir sournois de reprendre la liberté d'action sur laquelle symboliquement vous empiétez.

Retenez une règle qui vous permettra de vous adapter :

Plus vous êtes éloigné plus vous pouvez vous permettre de grands gestes.

Nous y reviendrons en parlant du périespace qui accompagne nos communications.

Vous empochez une main ? Pas les deux !

Pourquoi une gestuelle asymétrique ?

Quand tout va bien, lorsque nous ne subissons aucune pression psychologique et que nous sommes décontractés, on constate que nos postures et nos gestes sont asymétriques.

En revanche, lorsque nous sommes mal à l'aise, nous avons tendance à faire des gestes symétriques et petits. Ce n'est plus un être humain qui parle, c'est une marionnette avec sa raideur et ses mouvements rectilignes et saccadés. Aucune figure de gestes ronds dans la marionnette !

Les coudes au corps, des gestes avortés, rien de tel pour montrer à l'autre que nous ne sommes pas dans les meilleures conditions d'expression possible. De là à penser que nous ne sommes pas nous-mêmes convaincus de ce que nous disons, il n'y a qu'un petit pas que ne manqueront pas de franchir nos contradicteurs.

Si la situation vous le permet, et si vous ne mettez qu'une main en poche, cela peut passer certes pour décontracté mais il faudra tout de même penser à la sortir de temps en temps. Parler en manchot n'est pas la panacée.

Les deux mains dans les poches on retrouve une mauvaise symétrie qui passe très mal !

Attention à ce que votre main fait dans la poche

On ne s'en aperçoit pas mais, bien souvent, la main dans la poche s'agite et remue sous le tissu. Ce n'est pas follement délicat mais l'énervement et la difficulté peuvent vous entraîner vers ces gestes inconscients qui vous font perdre d'un seul coup toute votre superbe. Et si en plus vous avez des pièces de monnaie ou des clés dans la poche les « ding ! ding ! ding ! » n'arrangent rien.

Mais si c'est pour perturber votre interlocuteur, c'est réussi !

3. Souriez…

Sourire pour être complice

Le rire est communicatif, mais le sourire est communication.

Le sourire est un geste redirigé socialement. Il cache les dents que le rire expose en éclats. Regardez jouer les enfants, ils se battent et rient à la fois. Souvenez-vous des films d'horreur, le plus méchant a le rire le plus fort. « Un rire à vous glacer les sangs. »

Dans une discussion « normale », même si la chose est sérieuse, n'oubliez pas que l'on peut sourire des yeux. *« Plus le visage est triste* – disait un certain Chateaubriand – *plus le sourire est beau.* » Dans notre culture, le sourire est un geste écho (comme l'est le bâillement), c'est-à-dire qu'il induit lui-même le sourire de l'autre, la complicité naît d'un partage de sourires. Là encore, « faire la gueule » pour avoir raison, c'est créer une antipathie néfaste à votre crédibilité. Quand on est victime ou triste ou soumis, on est loin de sourire.

Regardez les meilleurs débatteurs, comme ils savent jouer de ce sourire. Parfois pour ajouter à l'ironie des mots ou pour faire savoir, ou croire, qu'il y a quelque chose là derrière. On n'en parle pas mais on sous-entend très fort.

Le sourire apaise ou énerve… À vous de choisir.

Il peut donc entrer dans vos armes de séduction mais aussi dans votre façon de maintenir la conversation à son niveau raisonnable et canaliser les excès.

Le sociologue Ekman, spécialiste du non-verbal, dénombre une cinquantaine de sourires différents, c'est dire si le sourire peut à lui seul porter bon nombre de messages.

Mais, me direz-vous, *« le sourire est un geste proche du réflexe ! C'est un geste spontané »*. Rien n'est plus désagréable qu'un sourire forcé c'est vrai, mais il reste un geste de visage que l'on peut utiliser ou pas à souhait.

Quand il est utilisé à contre-situation, le sourire devient souvent horripilant. *« Arrête de sourire bêtement ! »*, *« Oh tu peux sourire va ! »*, *« Et ça te fait sourire ! »*. Quand quelqu'un est furieux contre vous et vous agonit de sottises, votre sourire va décupler sa colère parce qu'il sent qu'il n'a pas d'emprise sur vous.

Sourire c'est alors : *« Je suis bien dans ma peau, je suis même bien avec vous »*, *« Quelles que soient votre opposition ou vos réflexions désagréables, cela ne me touche pas »*.

**« Je sais Scarlet,
j'ai beaucoup de charme ! »**

Un sourire asymétrique passe souvent mal, même si quelques acteurs ont, dans le temps, joué de ce sourire en tombeurs de charme, tel Clark Gable, son rictus au coin des lèvres, souligné de petites moustaches et son œil (un seul) qui frise en se fermant à moitié !
Et celui de John Wayne en grand timide redoutable : « On ne me la fait pas à moi ! »

4. Écoutez...

Si tu m'écoutes, tu m'es sympathique

Pourquoi l'écoute de l'autre est-elle déjà un facteur essentiel de la sympathie qu'il va me porter ? Tout simplement parce que les gens aiment être écoutés, ils ont alors l'impression que ce qu'ils disent est important, qu'ils vous disent des choses intéressantes. Il y a là-dessous un petit sentiment de fierté qui vous rapproche de lui.

Mais surtout, l'écoute est sans doute l'une des armes les plus fortes, si ce n'est la plus fondamentale de l'art de convaincre. Nous en reparlerons souvent. D'ores et déjà, souvenez-vous que c'est parce que vous écoutez l'autre qu'il se devra de vous écouter.

J'ai l'habitude de parler de deux écoutes différentes, même si quelques puristes me reprochent souvent ce distinguo qui pourtant me semble très important pour bien comprendre.

Il y a deux écoutes : la première étant l'écoute active et la seconde que j'appelle la deuxième écoute. Nous développerons largement cette nécessité de bien écouter pour mieux convaincre, dans le chapitre qui lui est consacré.

**Pour convaincre,
l'important c'est la R.O.S.E.**

- **R**egardez de façon franche et sans agressivité, évitez les fuites de regard qui coupent la relation.
- **O**uvrez votre gestuelle pour que votre image soit accueillante.
- **S**ouriez parce que c'est un geste de partage à distance et qu'il a son écho.
- **É**coutez d'abord parce que les gens aiment qu'on les écoute, vous les valorisez.

2

Écoutez ses gestes

« Le non-verbal parle plus vite que les mots »

UNE SIMPLE POIGNÉE DE MAIN ET TOUT EST PERDU… OU GAGNÉ

« Bonjour ! Je regrette de vous avoir reçu !
– Mais, on ne s'est encore rien dit !
– Vous vous êtes déjà serré la main ?
– À moi-même ? Non, bien sûr !
– Je ne vous le conseille pas.
– Pourquoi cela ?
– Ça ne donne pas envie de recommencer ! »

Mets ta main dans la mienne pour voir !

Vous avez enfin obtenu ce rendez-vous que vous attendiez depuis des mois. Vous êtes un peu anxieux, vous avez organisé votre discours, vos arguments, vous vous êtes préparé aux objections possibles...

Ça y est, il est là, il vient vers vous, alors, comme vous avez retenu la leçon du chapitre précédent, vous allez au-devant de lui, le geste ouvert et dégagé, le regard franc, le sourire aux lèvres, d'un pas décidé et énergique vous lui tendez la main, il vous la tend... Et il trouve sous ses doigts une espèce de chiffe molle, des phalanges fuyantes, une paume suante et une poigne flasque à ne pas déformer une barbe à papa. Je peux vous dire qu'avant même que vous lui disiez « bonjour » vous venez de plonger au troisième sous-sol des facteurs de sympathie. Si vous pensiez d'entrée de jeu avoir une quelconque influence sur la relation, vous pouvez dire adieu à vos prétentions ou du moins les revoir très fortement à la baisse.

Combien de personnes font attention à l'impression que donne leur propre poignée de main ? Parce que pour ce qui est des impressions, croyez-moi, elle en donne.

Alors, ne sachant pas pourquoi cette relation si prometteuse a l'air de faire de la « marche à vide », vous tâchez de remonter la pente à coups de mots et de phrases bien choisis. Vous argumentez avec une logique imparable, vous faites valoir votre potentiel d'intelligence, votre sens de la repartie, votre capacité de synthèse. Vous avez rétabli l'équilibre et, somme toute, ce rendez-vous s'est bien passé, vous allez le quitter et, tout en le remerciant, vous lui retendez en guise d'au revoir la même poignée de main en souvenir. Et votre interlocuteur s'en va en se demandant s'il peut essuyer sa main contre son veston sans le tacher… Ce n'est pas bon ça ! Pas bon du tout ! Ça ne donne pas de points supplémentaires en tout cas ! C'est dommage !

Une poignée de main de la sorte, même un peu caricaturale comme ici, vous l'avez, nous l'avons tous reçue un jour ou l'autre et nous avons tous eu cette désagréable impression de serrer une anguille qui fuit, ou de rattraper une truite qui nous glisse entre les doigts…

« Vous avez demandé à vos amis ce qu'ils pensent de votre poignée de main ? »

« Ben non ! Ceux avec qui je suis assez intime pour demander cela, je les embrasse !

– Alors comment voulez-vous savoir ce qu'elle porte en elle ?

– Je le sens bien !

– Taratata ! Il y a pratiquement autant de poignées de main que de personnalités. Alors soignez la vôtre, elle peut parler favorablement pour vous. »

Dieu sait si cette poignée de main est importante dans notre culture. Nous nous la donnons parfois machinalement plusieurs fois par jour. « *Re* » dit-on dans ces cas-là, comme pour s'excuser. Ce qui lui donne une importance encore plus grande c'est qu'elle arrive au début d'une rencontre et qu'on la ressort en fin de rencontre comme pour donner une dernière information avant de se quitter. Ce geste codifié ouvre l'entretien et le clôt. Ne me dites pas qu'il est anodin !

Comment faites-vous ? À quelle distance portez-vous ce signe de reconnaissance ? Avez-vous le bras tendu, demi-tendu ? Préférez-vous être un peu de profil ou de face ? Autant d'infos que l'autre reçoit parfois sans le savoir mais qui donnent une impression globale non négligeable. Vous savez, de ces petits signes que l'on appelle des microréactions qui, prises séparément, ne veulent pas dire grand-chose mais qui font un ensemble révélateur.

Ce sont toutes ces microréactions qu'analyse, à notre insu très souvent, l'ordinateur fabuleux de notre cerveau. Nos capteurs : le toucher, la vue, le goût, l'odorat, l'ouïe fonctionnent en permanence, ne l'oubliez jamais. La Programmation Neuro-Linguistique (PNL) nous a suffisamment révélé que notre système de communication langagier mêle étroitement comportement et cognitivisme. Oui je sais, c'est une phrase un peu « rodomontadesque » ! Nous verrons plus tard comment ce type de phrase peut servir d'outil persuasif.

Travaillez donc votre poignée de main si elle ne correspond pas à l'image que vous voulez donner.

Lexique des poignées de main

La main est tendue paume vers le bas :
« Je te domine mon gars. »
La main est tendue paume vers le haut :
« Repose-toi sur moi. »
Avec tranchant perpendiculaire au sol :
« Avec moi les choses sont claires. »
La main est perpendiculaire mais les doigts un peu repliés : *« Bof ! Je ne sais pas trop ! »*
Le tranchant de la main est incliné :
« Une petite claque en copain ! »

La main reste raide et ne serre pas :
« La convivialité, ce n'est pas mon truc. »
La main ne saisit que le bout des doigts :
« Je n'aime pas trop ça le contact ! »
Du bout des doigts et relâchant vite :
« À ne pas prendre avec des pincettes. »

Votre main tendue : une arme fatale

Et nous ne parlons pas ici de la vitesse d'exécution ou de retrait. Nous ne parlons pas non plus de ce qui va avec, le corps penché en avant ou, au contraire, en arrière, le premier marque sa déférence, le second *« moi je ne me mélange pas »*...

Un peu d'observation vous suffira pour comprendre les informations qu'une main tendue peut vous donner.

Si vous y prêtez attention, vous aurez là, tout de suite, sans commentaires superflus, un aperçu plus que fiable de qui vous avez en face de vous... Parce que lui non plus n'a pas « travaillé » sa poignée de main, elle s'est construite avec lui, avec ce qu'il est devenu.

Naturellement, point n'est besoin sans doute de signaler que, selon les pays et les cultures, cette poignée de main n'est plus une poignée de main. Mais il reste toujours cette nécessité de créer un contact d'accueil par le toucher. Taper dans les deux mains comme les Noirs africains ou sur une seule, puis le poing fermé comme nombre de jeunes, ou après contact du bout des doigts, ramener la main dans la coutume arabe pour se toucher la poitrine (le cœur), la bouche et le front...

Ce contact est codifié, sinon comment voulez-vous que chacun donne à l'autre la permission de le toucher alors même qu'ils ne se connaissent pas.

Test : « à vos risques et périls »

- Essayez de dire bonjour à quelqu'un que vous ne connaissez pas en lui touchant la joue... au lieu de la main. Vous risquez de recevoir, en retour, « un pain » qui ne facilitera pas la relation.
- On ne serre pas la main lorsqu'on est ganté, alors les Esquimaux se frottent mutuellement le nez parce que c'est la seule partie du corps qui doit rester nue (il faut respirer !). Donc on est bien dans le « peau contre peau »... codifié. Essayez de faire « nez contre nez » lors de votre prochaine rencontre avec votre directeur général !
- Et si ça marche, passez votre main gauche dans son dos de bas en haut pendant une poignée de main du style Sud-Américains... Vous verrez bien !

Elle est tellement codifiée cette poignée de main que même si vous êtes gaucher c'est encore le seul geste qu'on vous contrarie : *« On ne serre pas la main de la main gauche ! »*

Une main d'honneur !

Bourrienne, ministre d'État de Napoléon, raconte dans ses mémoires :

« Il [Napoléon] *ne mettait jamais que le gant de la main gauche, laissant la droite nue, sous prétexte de la tendre à ceux qu'il honorait de cette faveur… Monsieur de Turenne dans les attributions duquel il était de s'occuper de la toilette de l'empereur, arriva à ne plus lui faire faire que des gants de la main gauche, et économisait ainsi six mille francs par an. »*
Il écrit aussi un peu plus loin que Napoléon *« ayant de très belles mains aimait ainsi à le montrer ».*

QU'EST-CE QUE VOUS DITES SANS PARLER ?

« On dit tant de choses sans les dire !

– Ben si je ne parle pas, je ne dis rien !

– Vous dites sans le dire des choses que vous voulez dire et des choses que vous ne voulez pas dire…

– Quand je la ferme, je la ferme !

– Et quand vous la fermez, comme vous dites, ce sont vos gestes qui l'ouvrent !

– Je ne suis pas mime moi ! »

Le simple fait d'être présent nous fait communiquer

Ne pas communiquer c'est communiquer son refus de communiquer. Vous n'en sortirez pas, votre langage silencieux est là et bien là, à votre corps défendant ou pas. Parfois il va vous servir, appuyer vos dires, souligner votre assurance, optimiser vos arguments, d'autres fois il va sournoisement vous desservir, aller à l'encontre de votre volonté, dire le contraire de vos mots ou tout simplement être mal perçu par vos interlocuteurs.

Cohérence ou incohérence

• Lorsque vos postures, vos gestes, vos mimiques reflètent ce que vous dites et voulez dire avec des mots, il y a bien cohérence entre le dit et le faire. Dans ce cas-là votre non-verbal est un plus qui n'est pas négligeable.

• Lorsque votre langage silencieux est un second langage non maîtrisé qui va à l'encontre du message exprimé, il y a incohérence et l'effet produit peut être dévastateur.

Consonance ou dissonance

• Lorsque tout votre corps converge vers une même intention, il y a consonance entre tous les facteurs. L'ensemble de votre comportement est homogène, chaque élément de ce comportement entre en harmonie avec les autres, il n'y a pas de dysfonctionnement.

• Lorsqu'une partie du corps exprime une attitude tandis que l'autre partie, si minime soit-elle, en exprime une autre, on dit qu'il y a dissonance. Cette dissonance va être néfaste à la relation. On dit aussi qu'il s'agit d'une « grimace du corps ». Votre interlocuteur va percevoir une image déstructurée qui vous sera peu favorable.

Pas sympa la Vénus de Botticelli dissonante

Spiegel, l'un des plus grands spécialistes du non-verbal, teste la « dissonance » en corrigeant la position

des bras de la Vénus de Botticelli. Il en fait une série d'images différentes où les bras vont couvrir le corps ou pas, dans diverses postures.
Le test est simple, il s'agit de demander aux sujets de dire laquelle de ces images est la plus sympathique et laquelle l'est le moins.
Résultat : ce sont les deux postures en dissonance qui sont rejetées. Celle où la Vénus cache le haut du corps mais laisse voir le bas et celle où elle cache le bas pour laisser voir le haut. Les personnes interrogées disent que ce sont deux postures « fausses », « pas franches », « hypocrites ». Elle montre sans montrer, cache sans cacher.
Les images reconnues comme les plus sympathiques sont celles où la Vénus cache et le haut et le bas, ou laisse voir et le haut et le bas. Il y a « consonance ».

Congruence ou incongruence

• Lorsque deux interlocuteurs se ressemblent dans leur comportement, on dit qu'ils sont en congruence. C'est ce que la PNL (Programmation Neuro-Linguistique) appelle parfois la « syntonie » ou la « synchronisation ». Cela se passe généralement bien entre eux, ils se comprennent et s'écoutent.

• Lorsque deux interlocuteurs ont des comportements fortement différents, on dit qu'ils sont en incongruence. Le courant passe mal et si l'un des deux ne parvient pas à faire bouger l'autre dans son sens, personne ne convaincra jamais l'autre. Ils sont trop éloignés pour s'écouter et se comprendre.

Exercice 1 : « Miroir, dis-moi ! »

Faites-en l'expérience :
1. Demandez à des personnes qui ne se connaissent que très peu de se mettre par deux, face à face, et de se parler entre elles de leurs vacances sans que les autres ni vous-même n'entendiez. (Vous pouvez choisir un autre thème volontairement ludique.)
2. Vous les filmez dès le départ de leur dialogue. Coupez le son, il est sans intérêt ici.
3. Après une dizaine de minutes vous arrêtez l'image. Et vous la comparez avec celle du début de leur dialogue.

Vous serez étonné de voir à quel point les images du début marquent une différence de comportement très forte entre chacun des deux interlocuteurs. Ne se connaissant que très peu il y a méfiance, petite appréhension de l'inconnu, etc.

En revanche, après 10 à 15 minutes de discussion il y a une ressemblance frappante entre leurs images et leurs postures. Ils se sont « apprivoisés » et mis en écho l'un et l'autre. Ils sont en syntonie et presque parfaitement symétriques. C'est impressionnant vous verrez ! Ils partagent.

Cela est d'autant plus facile à obtenir que le thème se prête aux échanges, aux partages et que nous sommes sur des souvenirs, généralement plaisants, qui n'engendrent que peu de résistance.

Exercice 2 : le miroir brisé

S'il s'agissait de politique ou d'un autre thème fortement polémique vous auriez, selon les idées de chacun, un phénomène comportemental diamétralement opposé.

1. Le début reste dans ce cas généralement dans la politesse et le savoir-vivre. On ne se connaît que très peu, on ne va pas commencer par s'engueuler. Même si chaque interlocuteur reste sur la réserve, il garde une posture et un comportement convenables. Plutôt neutres. On avance masqué !

2. Si leurs idées politiques sont totalement opposées, au bout de 10 à 15 minutes vous verrez un corporel en confrontation. L'un avance, l'autre recule l'un croise les bras tandis que l'autre agite un index vengeur ? Ils passent en postures en profil pour éviter les coups… Quand l'un pense avoir l'ascendant sur l'autre, il a le buste en avant tandis que son interlocuteur est au fond de sa chaise. Les pieds sous la table gagnent parfois du terrain tandis que ceux d'en face s'accrochent un temps aux barreaux, Vous aurez bien du mal à trouver des séquences d'images en écho, sauf celles de la confrontation.

3. Vous pourrez alors décoder les moments d'incongruence, ceux de dissonance, et, si vous entendez les mots, même l'incohérence vous sautera parfois aux yeux. ➜

Vous pouvez retrouver sur quelques rares images les moments d'harmonie fugitive et vous vérifierez, en mettant le son, qu'il s'agit bien alors de points de détail ou de généralité sur lesquels ils étaient passagèrement d'accord.

L'ENFER EST EN BAS LE PARADIS EST EN HAUT

Les gestes suicides = gestes descendants

D'une manière générale, et compte tenu de tout ce que nous venons de dire, les gestes qui vous desservent sont ceux que vous ne maîtrisez pas et qui vont, à votre insu, refléter des sentiments et des troubles internes que vous auriez aimé cacher. Le geste n'est jamais que le fond qui remonte à la surface. Vous voulez convaincre ? Évitez de montrer vos faiblesses internes ou tout simplement vos incertitudes.

Retenez donc un premier principe :

Tous les gestes qui descendent sont connotés négativement.

Le pouce en bas c'est la mort !

✦ J'ai connu personnellement un directeur de ressources humaines qui, en disant aux syndicats qu'il y aurait une « petite restructuration », fit un tel geste d'écrasement avec les deux mains arrondies, partant d'un cercle large pour venir se rejoindre, que les partenaires sociaux y ont vu un flot de licenciements bien plus grand qu'il ne le disait. *« On voyait littéralement gicler les collaborateurs…* », m'a dit l'un deux.

✦ La société X avait quelques problèmes dans le Sud de la France. Lors d'un de nos stages, alors que je demandais à son directeur général : *« Comment se porte votre société ? »*, il me répondit un peu trop rapidement sans doute *« bien ! »*, mais ses mains jointes sont descendues alors comme pour mimer un grand plongeon. Voyant cela, je le lui fis remarquer. Il dut reconnaître alors que le temps n'était pas au beau fixe pour sa société !

Les gestes vainqueurs = gestes montants

Regardez un coureur qui vient de gagner le 10 000 mètres, il est exténué, tout autant que le vainqueur du marathon qui va arriver. Ils sont tous les deux au bout du rouleau, lessivés, les muscles tétanisés et, pourtant, tous deux vont encore avoir la force de lever les bras au ciel en signe de victoire. On n'a jamais vu un gagnant faire le V de la victoire au-dessous de la ceinture ! Pensez-y ! Quelle que soit la difficulté dans laquelle vous vous trouvez, si vous ne voulez pas montrer votre faiblesse, gardez les gestes au-dessus de la ceinture, ils risqueront moins de vous trahir.

Si nous nous souvenons de ce que nous avons dit précédemment cela veut dire :

Faites des gestes asymétriques et suffisamment hauts pour exister.

Des gestes d'appartenance = gestes tribaux

Notre société de gens bien éduqués préserve avant tout les apparences. Alors attention ! Ne pas se conformer à ces apparences, ne pas s'adapter aux us et coutumes qui la régissent c'est déjà se perdre. Chacun est si persuadé de faire partie du bon clan que jamais personne n'est convaincu d'une vérité si elle vient du clan opposé. On s'en défend à tout prix. Nous en avons l'illustration quotidienne à travers les attitudes des partis politiques.

Dans le clan du vrai savoir-vivre, sans doute autorise-t-on les coups bas mais à fleurets mouchetés uniquement, on tolère les malversations à condition qu'elles se fassent à voix basse, éventuellement on ferme les yeux sur les peaux de banane si elles sont glissées avec habileté, on peut même admettre la médisance, on comprend l'orgueil et la fierté, on prône les redondances de phrases futiles et inutiles... Mais tout cela doit se faire sans bruit, on n'élève pas la voix, sans vague. On n'est pas à la Chambre des députés ici. Les formules de politesse sont là pour canaliser les risques de faux pas, de grossièreté, de sans-gêne... Essayer de convaincre en poussant la voix sera du plus mauvais effet !

Il en est de même du geste. Comme il est impossible malgré tous nos efforts de ne pas bouger avant d'être mort, le risque existe toujours de voir nos comportements détruire ce bel équilibre du savoir-vivre.

Méfiez-vous de la figue !

De nombreux gestes sont universels mais ils n'ont pas pour autant toujours la même signification. Selon les pays, parfois même selon les provinces, ils peuvent signifier tout à fait autre chose. Et là il y a grand risque ! Penons un exemple significatif : *faire la figue avec la main*. Ce geste se fait en passant l'index sur le pouce, main fermée, le pouce dépassant un peu.

1. *Faire la figue :* en France c'est « je t'ai pris ton nez ! ». On fait par amusement ce geste à un petit enfant.
2. *Faire la figue :* au Portugal et au Brésil ce geste indique une protection contre le mauvais œil. Il y a même des amulettes pour le représenter.
3. *Faire la figue :* en Belgique, en Allemagne, aux Pays-Bas, en Turquie et en Grèce, ce geste est alors porteur d'un symbole sexuel. Il signifie : « Je te baise. »

Voyez-vous ce qu'une confusion culturelle peut avoir comme conséquences.

Le code gestuel du savoir-vivre en société

Pour se défendre contre ces « fuites corporelles » qui disent trop de choses à notre insu, le savoir-vivre s'est forgé un code gestuel et comportemental qui, parce qu'il est conventionnel et organisé, présente une certaine fiabilité.

En somme, en apprenant par cœur des gestes conventionnels et stéréotypés, on a moins de chances de faire passer des sentiments personnels qui pourraient gêner ou dégénérer, nous servir ou nous desservir. Le laisser-aller qui peut nous faire perdre la face n'a pas lieu d'être. Et puis, et surtout, ces gestes-là permettent à ceux de la tribu de se reconnaître entre eux et de repérer très vite l'imposteur qui n'est pas de leur monde. Il en est de même dans les clubs, les sociétés, les associations... Les membres de la tribu ont des devises, des coutumes, des rituels qui leur sont propres.

Là encore, si vous n'êtes pas vigilant et respectueux de ces rituels, si vous ne « collez » pas à ce savoir-vivre, en trois minutes vous êtes repéré et identifié comme ne faisant pas partie du cheptel. Et là, pas question de se laisser convaincre par quelqu'un qui n'est pas de chez nous. Vous avez perdu par avance.

Vous remarquerez que nous retrouvons là, à une échelle beaucoup plus grande, ce désir de ressemblance à l'autre, cette recherche de posture en écho, cette nécessité de reconnaître ses propres valeurs dans celles d'autrui.

« Si tu me ressembles tu es quelqu'un de bien ! »

« Et si tu es quelqu'un de bien je suis prêt à te croire. »

« Je suis maître de moi comme de l'univers »

« Ben ! Il a ben de la chance lui ! »

C'est Auguste (dans *Cinna* de Corneille) qui dit cette bêtise-là ! Nul n'est parfaitement maître de lui-même et en particulier de ses gestes, quant à l'univers.

Alors on ritualise pour prendre le moins de risques possibles. À la Cour d'Angleterre, il y a quelques années encore, il était interdit aux femmes de la famille royale de croiser les chevilles quand elles étaient assises. Le moins de risques possibles vous dis-je. C'est-à-dire le moins de gestes possibles.

« Et le baisemain ? Ce n'est pas un geste ? Et le salut de la main à la foule qui crie "bravo !" ce n'est pas un geste ? Et le salut en ôtant son chapeau, ce n'est pas un geste ? Et le toast que l'on porte en levant son verre, ce n'est pas un geste ? »

Oui, tous ces gestes sont des gestes, mais des gestes de circonstances et de fonctions.

La vendeuse de légumes qui vous attend devant son étal avec les mains sur les hanches, cela n'a rien d'étonnant, mais si vous souhaitez voir la Reine d'Angleterre attendre son Premier ministre les mains sur les hanches, vous risquez d'attendre longtemps.

Le reste des gestes de bonne éducation sera souvent peu démonstratif parce que, dans certaines fonctions, on ne doit rien faire apparaître d'autre que cette fonction. Ni sentiment, ni tristesse, ni colère, ni joie démesurée… Être maître de soi.

Si montrer du doigt n'est pas recommandé dans une bonne éducation, il y a de bonnes raisons à cela. C'est un geste si fort qu'il devient agressif ; or l'agressivité ne doit pas avoir ses entrées dans la bonne société. Le « ça ne se fait pas ! » est un leitmotiv que nous avons beaucoup entendu dans notre jeunesse.

Alors, on est bien d'accord, il y a des moments et des situations où le geste doit se taire.

Testez vos gestes reliques

Les gestes culturels ou tribaux deviennent souvent des gestes reliques. Ils sont encore utilisés alors que leur signification concrète n'a plus lieu d'être.
Si je vous demande le geste pour :

- ***« Moulin à café »*** Il y a neuf chances sur dix pour que vous tourniez une manivelle imaginaire. Pourtant voilà bien longtemps que l'on ne s'en sert plus. Ou alors c'est très archaïque chez vous !
- ***« À mort ! »*** Main fermée vous allez tendre le pouce vers le sol. Le geste romain de la mort souhaitée d'un gladiateur était la représentation concrète du glaive. On ne se sert que très rarement d'un glaive de nos jours !
- ***« Un train »*** Vous allez faire le mouvement des locomotives à vapeur disparues depuis bien longtemps et peut-être même *« tchou ! tchou ! »* pour rappeler le sifflet de vapeur !
- ***« La Moutza ! »*** Demandez à un Grec, il vous fera le geste de cinq doigts projetés vers vous. Il ne sait plus ce que cela signifie mais il sait que c'est une injure. Il s'agissait dans les temps éloignés du paquet de détritus que l'on jetait à la figure des condamnés. Alors attention, si vous voulez dire « ça fait cinq fois que je viens ici » en faisant ce geste de la main… vous risquez d'attirer sa colère.

Les gestes qui révèlent une personnalité

Ils sont regroupés en cinq familles qui toutes participent à l'illustration des mots que l'on dit. Ces gestes sont donc des plus importants pour aider à convaincre puisqu'ils accompagnent toujours la verbalisation.

Parfois, naturellement, un geste peut être hybride c'est-à-dire composé de plusieurs familles.

1. Les gestes pointeurs : gestes des doigts

- « Déictiques » quand ils montrent la direction.
- « Compteurs » quand on s'en sert pour le comptage.
- « Bâtons » ils frappent l'air comme le bâton de guignol.
- « Pinces » quand le pouce et un autre doigt se rapprochent ou se rejoignent (généralement pouce et index).

2. Les gestes quantitatifs : gestes des mains entières

Ils cadrent, limitent et délimitent Ils mesurent et restent sur le solide, le palpable.

3. Les gestes pictographes

Ils dessinent dans l'air. Ils peuvent être pictographes avec les doigts ou avec les mains (les premiers sont plus précis, plus enclins aux détails).

4. Les gestes idéographes

Les mains et les doigts volent dans l'air pour exprimer des concepts, des abstractions. Ils sont flous et désorganisés.

5. Les gestes kinétographes

C'est le corps dans son ensemble, ou une partie du corps, qui mime l'action.

« Ouvrez l'œil ! Et le bon ! »

La plupart d'entre nous favorisent une de ces familles, parfois deux. Par culture, par expérience personnelle, par mimétisme ou par affinité, sans doute aussi par fonction, nous avons tendance à faire des gestes plutôt de telle famille que de telle autre. Naturellement nous utilisons selon nos nécessités toutes les familles mais, au final, il y a une prépondérance plus que significative qui émerge.

Monsieur pointeur déictique est souvent très directif. Attention, il menace, il aime diriger et commander. Il a souvent la certitude d'avoir raison. Dominateur, si vous le prenez de front ce sera le conflit. Il vous rendra coup pour coup et pour le convaincre : dur, dur. Il faudra user d'autres armes que la syntonie... Mais pourquoi pas ? Il faut le savoir c'est tout.

Monsieur pointeur compteur est un rationnel, il fonctionne à la logique linéaire, au raisonnement construit et organisé. Pour le convaincre, il vous faudra structurer votre argumentation par étapes. Premièrement, deuxièmement, etc. Le raisonnement mathématique est sa tasse de thé.

« Deux et deux font quatre », un point c'est tout.

Monsieur pointeur pince : il précise les choses et les redit souvent. La répétition ne lui fait pas peur, il craint de ne pas avoir été compris. Quand il s'attache à un point particulier il y reste. Il veut aller au fond de la pensée qu'il soutient. Il devient vite têtu. Il peut accepter de perdre sur un point qui ne lui paraît pas essentiel. C'est sur ce point-là qu'il faut l'entraîner mais ce ne sera pas facile.

Monsieur quantitatif : ses gestes cadreurs montrent jusqu'où il peut être ouvert à la discussion. Si l'espace est réduit, votre marge de liberté n'est pas grande. Si ses mains sont en arrondi, le cadrage est tout relatif et votre marge de manœuvre est grande. Mais il reste attaché fortement au concret, au solide qu'il maîtrise.

Monsieur pictographe : il est plus sensible aux dessins qu'aux mots. C'est un détail plus un détail qui feront un tout. Il a un raisonnement inductif. Il est un peu maniaque.

Monsieur idéographe : c'est un créatif, un imaginatif. Il aime les idées, il participe à la joute oratoire pour se prouver qu'il est intelligent. Une belle idée peut le satisfaire et même le séduire. Sa réalisation beaucoup moins. L'originalité, il aime !

Monsieur kinétographe : il s'agite beaucoup, joue les situations, se lève pour vous convaincre. Il est un peu cabotin, aime faire rire, joue sur les émotions. Il s'engage parfois trop vite et trop loin. Ses mots peuvent dépasser sa pensée. C'est par l'affectif et les sentiments que vous le convaincrez.

Les gestes justes = cohérence et positionnement

C'est parce que vos gestes seront le reflet de vos expressions qu'ils auront un impact fort.

Le geste est gagnant lorsqu'il donne au locuteur ce charisme dont on parle tant sans jamais pouvoir le définir. Il est gagnant quand il souligne les propos, quand il montre, décrit, menace. Il est gagnant quand il force l'écoute et le respect, il est encore gagnant quand il apaise, arrête ou stoppe un débordement. Mais il est plusieurs façons de gagner, comme pour la façon d'argumenter, cela va dépendre du contexte, de la situation, de ceux qui sont en face, de l'enjeu, etc.

D'une manière générale le geste dans un échange normal vient avant le propos. On peut le comprendre sur un exemple classique de l'exposé avec Power Point (nous consacrerons plus tard un chapitre sur l'exposé).

Le slide est déjà sur l'écran : « *Comme vous le voyez sur cette courbe, on peut distinguer...* » et l'on commente. Le geste de démonstration lui, suit nécessairement la parole au lieu de la précéder.

Le slide n'est pas encore sur l'écran : « *Vous allez voir apparaître sur l'écran une courbe qui représente... Vous y distinguerez...* » et l'on fait apparaître ensuite la courbe sur l'écran.

Les gestes emblématiques

Ce sont souvent des gestes symboliques forts.

- Quand Gandhi fait le geste de prendre le sel dans la mer en prenant l'eau dans ses mains, il enfreint symboliquement la loi.
- Quand deux Noirs américains lèvent leur poing ganté de noir, ils symbolisent la lutte contre les ségrégations raciales aux États-Unis.

- Quand Churchill lève l'index et le majeur en forme de V il s'agit bien du V de la Victoire. Repris dans le monde entier dans toutes les cultures.
- Le Z de Zorro est un geste pictographe très fort comme une signature à l'épée.

Gestes de ponctuation et rythmiques

Danger ! Ce sont des gestes qui ne sont pas liés au sens des mots ou de l'expression. Ils ne font que scander vos paroles. Ils découlent certes d'une bonne intention, ils sont dirigés vers l'autre et marquent fortement votre désir de convaincre. Oui, mais ils n'apportent rien à vos propos. En revanche, comme ils sont répétitifs ils fatiguent vite ceux qui vous regardent. On ne manquera pas de le remarquer et de conclure que vous gesticulez pour rien.

Quelques gestes de ponctuation ne sont pas pour déplaire, ils vous engagent, mais attention à ne pas en faire trop.

Ces gestes rythmiques se retrouvent souvent dans les mouvements de tête. L'un des meilleurs gestuologues que je connaisse, Michel Degand, dit souvent : « *Attention à vos mouvements de tête en pigeon.* » Effectivement, la tête et parfois le corps piochent régulièrement en avant comme un pigeon qui marche. De la même manière, le mouvement que vous effectuez quand, mal à l'aise, vous vous balancez, ne vous sert pas réellement. C'est le geste relique du petit enfant qu'on rassure en le berçant. Mais vous êtes un peu grand pour ça ! Et si vous avez besoin de vous rassurer, vous ne rassurez pas l'autre, alors de là à le convaincre ! Ce n'est pas gagné non plus !

Hitler jouait bien du tambour

- ✦ Hitler utilisait à peu près uniquement les gestes de ponctuation lors de ses discours. Il frappait comme sur un tambour pour marteler son flot de paroles. Ces gestes tambour s'accéléraient vers la fin d'une période pour entraîner les foules jusqu'au salut hitlérien en guise de final.
- ✦ L'index a souvent aussi cette manie de scander et de rythmer ce que nous disons. Attention ce geste en « bâton frappant » devient très vite une menace pour ceux vers lesquels il est tendu.
- ✦ Parfois ce sont les deux index qui scandent ensemble le débit verbal et vous donnez alors l'image d'un chef d'orchestre qui dirige. Si vous pensez passer pour un libéral adepte de la coopération, c'est raté.
- ✦ Et la main ou les doigts qui tapotent : on vous sent énervé, impatient et vous énervez les autres. Et la jambe, ou le pied, qui se balance sans arrêt, vous ne croyez pas que dans le meilleur des cas elle va distraire et risquer d'indisposer fortement votre interlocuteur ? Ce n'est pas bon pour qui veut être écouté.

Les gestes qui vous trahissent

Ce sont des gestes faits inconsciemment pour se rassurer soi-même. Ils consistent bien souvent à s'accrocher à quelque chose de solide. C'est la bague ou l'alliance que l'on tourne et retourne, c'est le crayon que l'on prend pour jouer et qui nous occupe les mains. Ce sont nos lunettes que l'on ouvre et ferme sans cesse, style « j'y vais, j'y vais pas ? ». C'est le nœud de cravate que l'on resserre plusieurs fois « je me pends ou pas ? » et le bouton de la veste qui est en train de souffrir le martyre de la roue.

Nettoyer les miettes de pain ou la poussière imaginaire en faisant table rase devant soi pour avoir envie de passer à autre chose, casser volontairement une assiette parce que c'est toi que je voudrais casser… Autant d'activités de dérivation que vous observerez rapidement avec un peu d'habitude et qui vous donneront des billes pour prendre l'ascendant au bon moment.

Vous avez des petites bêtes ou quoi ?

Vous vous grattez parce ça vous démange, c'est bien naturel.

Seulement voilà ! Ces démangeaisons arrivent près de vingt fois plus dans les moments difficiles que lorsqu'il n'y a pas de problème.

On se gratte le menton pour réfléchir.

Le nez parce que ça ne va pas, l'arrière du crâne parce qu'on se pose des questions et que c'est là que sont les réponses.

Certains se frottent une barbe imaginaire sur la joue : ce sont des hommes (des poilus).

D'autres se caressent la joue et se lissent les cheveux dans un geste dit « de présentation » comme un oiseau se lisse les plumes : ce sont des femmes.

Un seul regard pour tout comprendre

Si vous ne deviez tenir compte que de quelques gestes, c'est sur ceux-là que vous devez vous appuyer.

Ce sont les plus significatifs parce que ce sont ceux que l'on fait inconsciemment et sur soi. Ils sont appelés les gestes de la transparence. Ils expriment si fortement le malaise intérieur qu'il vous suffit d'un regard pour savoir que c'est justement là que ça fait mal. À vous de mettre le doigt dessus pour enfoncer le couteau ou panser les plaies si vous le souhaitez.

Fiez-vous aux activités de dérivation et aux grattages, ils vous donnent des armes pour convaincre au bon moment.

Cette connaissance et reconnaissance du geste vous permettront plus tard de renforcer votre pouvoir de conviction aux moments opportuns.

Gardez vos distances

Votre possibilité de mieux convaincre dépend aussi de la distance que vous mettez entre vous et votre adversaire. Comme pour un assaut d'épéistes, le meilleur sera celui qui parvient à esquiver les attaques tout en trouvant, lui, la bonne distance pour que son allonge touche.

Les distances qui nous séparent sont des facteurs variables dont il faut tenir compte. Tel qui vous parle de trop près vous gêne et vous l'écoutez mal, tel qui vous parle de trop loin vous met mal à l'aise vis-à-vis des autres personnes parce qu'il élève la voix et qu'à côté ils entendent.

Cette distance (la « proxémie » comme disent certains auteurs) varie avec la culture de chacun mais aussi avec la personnalité des uns et des autres. Nous avons autour de nous une sorte de bouclier, une bulle que nous défendons âprement, nous n'aimons pas que les autres crèvent cette bulle sans notre autorisation.

Nos zones d'interaction = un périespace à géométrie variable

Notre zone intime : c'est la bulle. Elle va, pour nous Français, jusqu'à 30 ou 50 centimètres environ (un avant-bras). Seuls nos intimes ont droit à cette distance privilégiée, jusqu'à la permission de nous toucher.

Notre zone personnelle va jusqu'à environ 1 mètre ou 1,20 mètre ; c'est la distance courante d'une discussion à deux.

Notre zone sociale va jusqu'à 6 mètres à peu près, c'est celle de réunions en petits groupes.

Notre zone publique n'est pas à nous, c'est la zone de tous, on la retrouve avec son fardeau de difficultés quand nous faisons un exposé ou un discours en public.

Le changement de zone est un indice précieux pour qui souhaite harmoniser ses échanges avec l'autre. Si vous repérez une difficulté pour votre interlocuteur à s'adapter

à votre zone, soit vous choisissez de garder la distance qui vous est confortable, soit vous faites l'effort de vous adapter à la sienne.

La rupture de zone peut vous servir

Entrer dans la bulle personnelle ou intime de votre interlocuteur peut avoir des conséquences fastes ou néfastes. Tout dépend de ce que vous cherchez. Dans tous les cas ce changement de distance créera un changement de comportement.

Allonger la distance qui vous sépare de l'autre peut vous servir dans diverses situations. C'est d'abord une façon de rompre l'intimité de la conversation, mais cela peut être aussi une manière de faciliter l'entrée de quelqu'un d'autre dans votre relation. Vous laissez ce que l'on appelle un espace ouvert. Une sorte d'invite à autrui. S'il y a du monde autour de vous, vous verrez que cela marche très bien. Votre interlocuteur monte un peu la voix, vous ouvrez et quelqu'un va sentir qu'il a la permission de s'immiscer dans votre relation. Cela peut vous dégager d'une situation difficile ou que vous ne souhaitez pas prolonger.

Raccourcir la distance peut aussi vous aider. Cette fois-ci, c'est l'inverse, en entrant dans sa bulle vous créez une sorte d'intimité factice. Celui qui élevait la voix, ou même se permettait de vous engueuler, ne peut plus le faire qu'à voix basse. Sa colère, si colère il y a, sera muselée d'elle-même. On peut difficilement s'énerver à voix basse. De plus c'est la zone des secrets, de l'affect... Difficile dans ces conditions de garder son agressivité ou alors c'est le conflit ouvert et frontal.

Crever la bulle

- **Je me souviens** de ce commercial qui n'était pas content, mais pas content du tout, de voir son nouveau directeur général lui taper dans le dos. *« Tant qu'il était directeur commercial ça passait encore, mais pour un directeur général ça ne se fait pas ! »* Il était outré le pauvre garçon !
- **J.-F. Kennedy** disait que lorsqu'il ne se sentait pas maître d'une discussion et qu'il voulait reprendre l'ascendant sur son interlocuteur, il s'arrangeait pour s'approcher de l'autre et lui poser, tout en parlant, l'index sur le sternum au niveau du diaphragme. Cette rupture de zone et ce toucher du doigt lui permettaient, disait-il, de déstabiliser suffisamment son contradicteur pour lui permettre, à lui, de reprendre le dessus.
- **Cambon,** ambassadeur de France, raconte que quelques années avant la Grande Guerre il eut affaire à un haut dignitaire allemand qui, au cours d'une de leurs négociations, s'emporta jusqu'à le menacer plusieurs fois d'entrer en guerre contre la France. Du style : *« Vous voulez la guerre vous l'aurez ! »*, *« La confrontation était si fermée*, dit Cambon, *que, rompant avec toutes les règles diplomatiques, je saisis le lobe de son oreille pour lui dire : Tu ne vas pas faire le méchant mon gros ! »*. Interloqué, son adversaire fut suffisamment désemparé pour changer de ton. Et Cambon de dire qu'il avait peut-être, par ce geste, préservé la paix pour une dizaine d'années. →

Remarque : quelle que soit la rupture proxémique, il peut tout se passer sauf que le cours de la discussion reste le même.

Je vois ce que j'entends

À qui ai-je affaire ? Que fait-il pour me le dire ? Quand a-t-il l'air d'être cohérent avec ce qu'il dit ? Quand ne l'est-il pas ? Y a-t-il incongruence ou congruence entre nous deux ?

Pour y répondre :

- ✦ Apprenez à décrypter les gestes de vos interlocuteurs, c'est une écoute gagnante.
- ✦ Fiez-vous aux gestes inconscients, ils vous donneront des informations capitales.
- ✦ Tâchez de ressembler un peu à l'autre dans vos postures si vous voulez qu'il vous écoute.
- ✦ Observez ses activités de dérivation, elles vous permettront de cerner les moments où l'autre est déstabilisé.
- ✦ Selon sa famille de gestes illustrateurs vous adapterez votre argumentation.

3

Se faire bien comprendre

« Munissez-vous de vos deux paires d'oreilles »

PRENDS DU TEMPS POUR ÉCOUTER TU EN GAGNERAS POUR CONVAINCRE

« Écoute-moi.

– Je t'écoute.

– Tu m'écoutes mais tu ne me comprends pas !

– Ah bon ! Qu'est-ce qui te fait dire ça ?

– Ce qui suit ! »

Tu as entendu la même chose que moi ?

L'écoute est sans nul doute le moyen le plus efficace pour essayer de comprendre avant de répondre. Soit, mais ce n'est pas aussi simple. Tout le monde sait que de nombreux quiproquos naissent d'une mauvaise compréhension de l'autre. Certes ! Mais cette compréhension vient surtout d'une écoute différente.

Chacun de nous s'est forgé, au cours des ans et des expériences vécues, bon nombre de concepts, d'opinions et d'idées qui, peu à peu, ont façonné notre personnalité. Nous avons donc nos critères de valeur, nos croyances, nos certitudes et nous y tenons ? C'est notre système de référence. C'est nous ! Nous nous sentons cohérents avec ce système, mieux, nous nous y sentons à l'abri.

Le problème c'est que notre interlocuteur a lui aussi son système de valeur qui lui paraît tout aussi cohérent et qui, pourtant, est différent du nôtre. Il y tient aussi comme à la prunelle de ses oreilles.

« Chacun sa vérité et les vaches seront bien gardées ! »

Les points de vue des uns et les points de vue des autres sur un même sujet de discussion seront souvent différents, nous le savons. C'est ce qui fait sans doute notre richesse et qui permet justement d'échanger. Mais peut-on échanger sa vérité contre la vérité d'autrui ? Dur, dur ! En tout cas la première réaction de chacun sera de rester sur ses positions. Alors, consciemment ou le plus souvent inconsciemment, nous mettons des barrières à ce que nous entendons et qui pourrait venir troubler notre cohérence interne. Nous préservons notre entité.

LES BARRIÈRES D'UNE BONNE ÉCOUTE

Transfusions

« Je pense que tu penses comme moi ! » Tout naturellement, puisque nos valeurs nous conviennent et qu'elles nous apparaissent comme indiscutables, nous avons tendance à penser que tout le monde doit penser comme nous. Nous prêtons à l'autre les mêmes sentiments, les mêmes opinions que les nôtres. Dans ces conditions, l'échange dont nous parlions n'existe pas. Nous sommes d'accord a priori, à quoi bon en parler !

Inversions

« Agressif moi ? C'est lui qui a commencé ! » Je peux sur le même principe trouver des justifications à mon propre comportement. Je suis comme cela, j'ai cette attitude parce que c'est lui qui la provoque.

Réduction

« Je ne veux pas entendre ça ! » Le filtre de nos critères va sélectionner « naturellement » ce qui pourrait nous mettre en danger. Notre mémoire ne va garder que certaines informations, celles qui nous conviennent.

Interprétations

« En réalité je sais qu'il veut dire autre chose ! » J'entends ce que me dit mon ami mais comme c'est mon ami il ne peut pas dire ce qu'il dit, donc je vais interpréter dans le sens qui m'arrange et comprendre autre chose.

Scotomisation

« Ça ? Tu ne me l'as jamais dit ! » C'est sans doute le phénomène le plus étonnant, en toute bonne foi, en toute conscience vous ne l'avez pas entendu. Ça n'a pas été filtré ou interprété, ce n'est pas que vous n'ayez pas voulu entendre, vous n'avez pas pu !

Cette chose est tellement énorme pour vous, tellement loin de vous, de votre compréhension, qu'elle n'a pas été dite, un point c'est tout. Vous avez scotomisé.

Prédictions

« Cochon qui s'en dédit ! » Vous pensez bien que nos préjugés et nos stéréotypes vont jouer fortement sur la relation et l'influencer. J'avais prédit quelque chose avant même de savoir, je fais tout pour que ça m'arrive, ça m'arrive et je dis que je l'avais dit. Prédiction confirmée !

Quant aux stéréotypes, il suffit de voir la différence de personnes engagées sur un CV identique selon qu'elles portent un nom à consonance française ou étrangère…

Les stéréotypes sont des petites bêtes qui vont se nicher un peu partout pour nous défendre contre les envahisseurs étrangers. Ils nous rassurent.

Roméo et Juliette

L'énigme proposée est celle-ci :

« Quand on est entrés dans la pièce, un chat noir s'est enfui. Sur le sol Roméo et Juliette étaient en train de mourir dans une flaque d'eau. Autour d'eux, des morceaux de verre. Que s'est-il passé ? »

Pour trouver la réponse vous ne pouvez poser que des questions fermées auxquelles je répondrai par « oui » ou par « non ».
Réponse : Roméo et Juliette sont deux poissons, le chat a renversé le bocal.
Les adultes ont souvent du mal à trouver. Mais le plus curieux c'est qu'un enfant de 8 à 10 ans qui n'a jamais entendu parler de Shakespeare trouve tout de suite.
Nos présupposés culturels ne nous aident pas toujours !

Représentation

« La réalité n'existe pas », c'est la représentation qu'on s'en fait qui va influer nos comportements. Si vous voulez avoir une chance de convaincre votre interlocuteur, tâchez de comprendre d'abord la représentation qu'il se fait de vous, de lui et de l'objet de la discussion. C'est en amont qu'il faudra se mettre d'accord si vous voulez que l'échange soit fructueux.

C'est en faisant de l'empathie que vous comprendrez tout cela.

Expression

« Je ne vois pas ça comme ça ! Et je le dis autrement. »
Avec tout cet acquis, avec notre culture spécifique, notre vécu et nos caractères prédominants, comme disait Diderot, il y a peu de chances pour que nos fonctionnements intellectuels soient identiques, peu de chances pour que nos cheminements de pensée suivent le même

parcours. Nos raisonnements sont personnels et nos manières de les exprimer aussi. Le langage commun n'existe pas réellement. Que mettons-nous derrière un mot, une phrase ? Que voyons-nous derrière ce problème ou cette solution possible ? Quelle évocation vient nourrir notre imaginaire ?

7 principes pour bien écouter

1. Ne soyez pas persuadé de détenir la vérité.
2. Acceptez l'autre dans sa différence.
3. Ne l'évaluez pas au nom de vos critères de valeur.
4. Évitez d'interpréter et de transformer ce qu'il dit.
5. Tâchez de ne pas scotomiser !
6. Nourrissez-vous de son type de raisonnement.
7. Faites de l'empathie (voyez de son point de vue).

POUR L'ÉCOUTER IL FAUT QU'IL PARLE

« Écoutez-le avec curiosité !

– La curiosité est un vilain défaut !

– C'est la plus grande des qualités.

– Ah bon ! Pourquoi ?

– Vous voyez que vous êtes curieux ! »

Le temps que vous passez à l'écouter, il vous le devra.

La première écoute : une question d'intérêt

Si vous n'êtes pas curieux de l'autre – d'une curiosité authentique, je veux dire –, vous allez vous heurter à toutes les barrières dont nous venons de parler. Il vous faut le comprendre pour pouvoir le convaincre, non ?

Être curieux c'est se centrer sur l'autre et l'écouter à deux niveaux : *« Qu'est-ce qu'il dit ? »* et *« Qu'est-ce qu'il ne dit pas mais que j'entends ? »*. C'est en vous posant ces deux questions-là que vous aurez une écoute constructive dans l'art de la persuasion.

« J'entends ce qu'il dit »

C'est la façon de montrer que l'on participe, que l'on suit le cheminement de son interlocuteur. Mais c'est une participation vivante et parfois très démonstrative. Elle part de *« Ce que tu dis m'intéresse »* pour arriver peut-être à *« Je ne suis pas d'accord avec toi »*. C'est une écoute faite d'onomatopées, de réitérations, de silences parfois, de réticences, de reformulations mais aussi de questions.

Même si le passage à la question est souvent trop directif, le questionnement intelligent peut être utilisé comme un outil manipulatoire aussi redoutable que la reformulation. Les techniques de la maïeutique (l'art d'accoucher les esprits) sont aussi très utiles dans l'art de convaincre. Nous y reviendrons.

Les outils sont connus

- **Les silences :** comme toute écoute digne de ce nom elle repose sur la qualité de vos silences. Ils doivent être pleins, c'est-à-dire faits d'onomatopées, de gestes rythmiques de la tête pour montrer que vous suivez le cheminement.
- **Les encouragements :** « Ah oui ! Ah bon ! Je vois ! J'entends bien ! D'accord, je comprends... » C'est une écoute participative.
- **Le questionnement :** sans qu'il devienne une enquête de police, il doit susciter des réponses à un intérêt légitime de votre part.

Questions fermées : elles n'entraînent que des réponses fermées : « oui », « non ! », « peut-être ».

Questions ouvertes : « comment », « pourquoi ». Elles obligent à développer sa pensée, à en dire plus.

Nous reparlerons de ce questionnement dans la démarche particulière ayant trait à la maïeutique. C'est-à-dire une démarche qui consiste à amener l'autre à se poser les bonnes questions pour trouver lui-même les bonnes réponses. On n'est jamais aussi bien convaincu que par soi-même !

• **La reformulation :** pour être sûr d'avoir bien compris et éventuellement permettre à l'autre de rectifier. Mais aussi, nous le verrons, un outil redoutable de manipulation.

Une écoute dangereuse

L'intérêt de ce petit dialogue est de montrer que le questionnement systématique et l'interprétation hâtive, loin d'accélérer la recherche d'informations, vont au contraire la ralentir avec une conséquence désastreuse : le postulant va être rapidement agacé et le recruteur se plante à chaque fois.

Le recruteur : Bonjour Monsieur. Tout d'abord, qui êtes-vous, pourquoi cherchez-vous un emploi, qu'est-ce qui vous a conduit jusqu'à nous… (Un chapelet de questions qui commence !)

Le postulant : Je suis un ami de Monsieur Duchmol qui m'a…

Le recruteur : Et vous avez quel âge ? (Lui coupe la parole et repose une question.)

Le postulant : Je suis né le 24 avril 1961 à Toulon !

Le recruteur : Ah Toulon ! Ce qui explique la légère pointe d'accent que vous avez… (Les interprétations hâtives vont se succéder et, à chaque fois, à côté de la plaque !)

Le postulant : J'ai quitté Toulon à l'âge de 6 mois, alors…

Le recruteur : Alors je suppose que vous allez souvent voir la famille qui est restée là-bas, ce qui explique l'accent (il y tient). ➜

Le postulant : Non personne, mon père était capitaine de corvette dans la marine, il a été muté à Toulon pour une période de deux ans, je suis né six mois avant sa mutation pour Brest.
Le recruteur : Vous avez passé toute votre jeunesse à Brest ?
Le postulant : Non, mon père a été muté très vite au ministère de la Marine à Paris...
Le recruteur : Rue des Invalides ? Je connais.
Le postulant : Non, rue Royale...
Le recruteur : Je n'étais pas loin ! Ah ! Ah ! Je vous écoute. Parlez-moi de vous... quel était votre dernier emploi ?
Le postulant : Je peux ? J'ai 49 ans, il y a sept mois maintenant je travaillais chez Ravalnet, une société de ravalement de façades. J'étais au service des recouvrements de...
Le recruteur : Ah ! Vous étiez dans la comptabilité ?
Le postulant : Non, au service de recouvrement des façades ! Pendant les travaux, les bâches, les peintures en trompe l'œil...
Le recruteur : Ah ! Oui d'accord... Vous êtes peintre !

La deuxième écoute : une question de climat

Nous l'avons vu, le non-verbal nous servira efficacement pour comprendre ce qu'il se passe dans le non-dit. Mais sous les mots et les expressions de l'autre se cache aussi un sens parfois un peu différent, parfois très différent.

Talleyrand disait : « *La parole a été donnée à l'homme pour déguiser sa pensée.* » C'est à peu près ça !

« J'entends ce qu'il ne dit pas »

On parle en ne disant finalement que ce que l'on veut. Le sens caché peut se découvrir si l'on est réellement centré sur l'autre. Par pudeur, par nécessité, par affect, celui qui parle va dissimuler ce qu'il ne souhaite pas que vous sachiez, ou le dire autrement qu'il ne devrait. Il lui sera difficile d'éviter d'être sous influence interne. Ce qu'il ressent, ses sentiments, ses attitudes psychiques sont là et c'est eux qui souvent nous permettront d'en savoir plus.

Vous comprenez bien que nous revenons ici à notre premier conseil « être sympathique ». On parle plus volontiers à quelqu'un qui nous semble sympathique qu'à quelqu'un que l'on n'aime pas. Et qu'est-ce qui nous rend sympathique si ce n'est le climat de confiance que nous avons établi avec lui ?

Cette deuxième écoute est souvent appelée écoute de compréhension parce qu'elle ne se contente pas d'écouter, elle cherche surtout à faire parler l'autre. C'est pour cette raison que la forme la plus poussée est à usage thérapeutique pour psychologues et psychiatres. Sans aller jusque-là, elle va vous amener à connaître mieux celui qui est en face et par conséquent à mieux adapter votre savoir-faire pour le convaincre et peut-être, et surtout, l'amener à se convaincre lui-même.

Une deuxième paire d'oreilles bienveillantes

Pour créer ce climat de confiance il va falloir éviter les attitudes dangereuses. Celles qui consistent en particulier à le juger, l'évaluer, le questionner systématiquement.

Il vous faudra, au moins au début de la relation, éviter les attitudes de support qui consistent à dire : *« Ce n'est pas grave, vous n'êtes pas le seul à avoir ce problème... »* Cela part d'un bon sentiment, mais il s'en fiche, lui, des problèmes des autres, c'est le sien qui l'intéresse et qu'ils soient plusieurs dans le même cas n'arrange pas son cas à lui.

Il faudra aussi que vous évitiez de choisir pour lui. Les attitudes de décision qui consistent à dire *« Moi à ta place je ferais comme ceci ou comme cela »* ne sont pas toujours les bienvenues. Vous n'êtes pas à sa place et ne le serez jamais.

Vous voulez qu'il vous donne ses billes ?

- ✦ Ne portez pas de jugement hâtif.
- ✦ N'interprétez pas trop vite et sans faire valider.
- ✦ Ne pratiquez pas l'interrogatoire policier.
- ✦ Évitez de généraliser son problème.
- ✦ Ne décidez pas pour lui.

Sinon, ses billes, il les gardera dans sa poche !

Des outils complémentaires spécifiques

• *La reformulation des sentiments :* avec toutes les précautions oratoires nécessaires, je vais reformuler ce que je crois entendre sous les mots avec le risque d'être corrigé par lui. Cela ne sera possible que dans un climat de confiance bien établi.

• *La réitération :* je ne fais que répéter vos derniers mots ou le mot important de la phrase sans y rajouter quoi que ce soit. Je fais écho. Vous allez en rajouter, sans avoir l'impression de répondre à une question.

• *La réticence :* on commence une phrase pour la laisser en suspens… afin que l'autre la termine dans la direction qu'il souhaite.

• *Les synthèses :* pour être sûr de faire le chemin avec lui, les synthèses partielles sont incontournables, après les avoir fait valider par votre interlocuteur, elles vous permettent de poursuivre le trajet avec lui.

En débat, nous verrons que ces synthèses permettent aussi de piéger l'autre dans une nasse qu'il suffira ensuite de noyer. Vous pourrez aussi, grâce aux synthèses, faire émerger les contradictions.

De l'écoute des faits à l'écoute des sentiments

Dans cette petite saynète vous remarquerez que le directeur, partant du factuel sur la fonction, par quelques questions, va rapidement s'intéresser à l'homme : il reformule les sentiments et quand il le souhaite fait des synthèses partielles. Il pratique alors la deuxième écoute.

Le directeur : Vous avez postulé pour un poste de directeur régional, nous sommes là pour faire plus ample connaissance… Voulez-vous me parler un peu de vous ? (Question très largement ouverte.) ➜

Le postulant : Je m'appelle Pierre Dubois j'ai travaillé pendant sept ans pour le laboratoire XYZ. J'ai commencé comme délégué médical et j'ai été nommé directeur régional à Dijon il y a deux ans... (Silence plein du directeur : hochement de tête : « Je vous suis. ») J'ai dû quitter le laboratoire il y a six mois.
Le directeur : Que s'est-il passé ? (Question ouverte et très large.)
Le postulant : Nous avons été rachetés par un grand laboratoire américain : ACD... et je me suis retrouvé du jour au lendemain sur la touche. Voilà !
Le directeur : Vous voulez dire qu'il y a eu une restructuration ? (Reformulation avec demande de validation.)
Le postulant : Oui, il y a eu compression de personnel, nous avons été trois directeurs régionaux sur six à subir le même sort, ce n'est pas une situation facile à vivre... (Silence lourd !)
Le directeur (reprend vite pour ne pas créer un climat difficile) : Je comprends que ce ne soit pas très agréable, et que vous soyez plusieurs dans ce cas ne change rien à votre problème, bien sûr ! (Rejet de l'attitude support, acceptation du problème de l'autre.) Alors, racontez-moi. Pendant ces derniers six mois, vous avez... (Réticence : ne finit pas pour que l'autre poursuive.)
Le postulant : J'ai cherché du travail dans le même secteur, c'est un milieu que je connais bien et la fonction de directeur commercial me convient bien... On est là pour aider les délégués et les soutenir...
Le directeur : C'est une fonction que vous aimez ! (Reformulation des sentiments.)

Le postulant : Oui parce que c'est un métier relationnel avant tout.
(Silence.)
– ... et je crois sincèrement à la synergie d'un groupe, j'avais une équipe de huit délégués... et puis c'est un métier en mouvement.
Le directeur : En mouvement ! Vous voulez dire varié ? (Réitération pure plus reformulation pour validation.)
Le postulant : Oui, on est tous les jours sur des secteurs différents, on rencontre des médecins différents, des comportements divers.
Le directeur : Si je comprends bien vous êtes quelqu'un de dynamique, vous aimez bouger, le relationnel est pour vous quelque chose d'important, le fait de travailler en équipe aussi. Vous êtes d'accord avec ce portrait ? (Synthèse partielle avec demande de validation.)
Le postulant : Oui, c'est assez moi !
Le directeur : Vous m'avez parlé tout à l'heure de la relation d'aide avec vos délégués, cela vous paraît important dans... (Réticence pour laisser l'autre poursuivre.)
Le postulant : Dans l'accompagnement de ses collaborateurs, oui ! Quand un délégué a un problème, le régional est là.
Le directeur : Est-ce qu'on peut dire que vous êtes quelqu'un qui fonctionne à l'affectif ? (Reformulation des sentiments.)
Le postulant : Oui ! C'est vrai... parfois un peu trop sans doute...
Le directeur : Trop ! (Réitération sur un mot.) ➜

Le postulant : J'ai dû faire des efforts pour être plus rigoureux.
Le directeur : Vous trouvez que vous manquez de rigueur et ça vous ennuie ! (Reformulation des sentiments.)
Le postulant : Oui ! Je suis quelqu'un qui, par nature, se disperse un peu, alors sur le plan professionnel je me suis fait violence au début.
Le directeur : Et maintenant ? (Question ouverte.)
Le postulant : Ça va mieux… et puis avec un peu plus d'expérience…
Le directeur : Est-ce que vous êtes prêt à… etc.

VOUS RÉPONDEZ À QUEL NIVEAU ?

« Papa, à l'école tous mes copains ont un vélo. »

Si votre fils vous dit cela, il vous dit quoi en réalité ? *« Je n'ai pas de vélo. »*

Mais encore ? *« Je voudrais bien en avoir un. »*

Et puis ? *« Je ne suis pas comme les autres enfants. »*

Et vous allez voir que si l'on écoute bien on va entendre beaucoup plus de choses encore dans ces quelques mots. À vous de vous entraîner à cette écoute à plusieurs niveaux car il en est de même dans toutes nos conversations, dans tous nos débats, entretiens ou autres échanges verbaux.

Papa t'as rien compris !

• ***« C'est pas grave ! Tu as suffisamment de jeux comme cela ! »*** C'est une réponse que le psychosociologue

Carl Rogers qualifierait d'« intellectuelle ». On répond à ce qui est dit sans en comprendre (ou sans vouloir en comprendre) l'aspect « psychologique ». En plus de cela, l'évaluation « c'est pas grave ! » n'arrangera pas la situation. Pour lui, c'est peut-être grave ! Donc aucune empathie de votre part. Et comme pour justifier cette réponse vous rajoutez : *« Tu as suffisamment de jeux comme cela ! »* Cela signifie dans le paralangage : *« Tu es déjà trop gâté et tu n'as pas à te plaindre ! »* Quel rapport ? Il ne vous parle pas de tous ses jeux, il vous parle d'un vélo.

Pensez-vous l'avoir convaincu avec cette sorte de réponse ?

• ***« Tous ? Ça m'étonnerait ! »*** Là, en plus de jouer sur les mots en réitérant « tous », vous êtes d'une parfaite mauvaise foi et vous le prenez pour un imbécile. Vous avez une attitude d'interprétation dangereuse. Enfin, vous avez tout faux !

Du même style il y a la réponse réductrice : *« Ce n'est pas vrai, ton copain Robert il n'en a pas… »* C'est peut-être l'exception, mais bon !

• ***« C'est pas bien d'être jaloux ! »*** Vous passez directement à l'interprétation des sentiments. Vous répondez au non-dit du « je ne suis pas comme les autres » qui en soi n'est pas une mauvaise interprétation, peut-être, mais qui prend des allures de coup de pied aux fesses du papa punissant qui entend ce qu'il veut bien entendre et ne veut pas répondre.

Et croyez-vous vraiment qu'il pense ne pas être comme les autres ? Ne serait-ce pas plutôt un truc pour vous forcer la main en vous faisant sentir à vous que vous n'êtes pas comme les autres pères ?

Le jeu des influences tourne à plein.

• ***« Ils ont bien de la chance tes copains ! »*** serait une réponse carrément cynique que vous n'utiliserez pas avec votre fils sans doute. Mais retenez la figure, elle nous resservira puisqu'il s'agit là d'une sorte de litote « technique judo » qui va jouer un grand rôle dans vos débats compétitifs.

• ***« Si tu as plus de 15/20 en maths au deuxième trimestre je t'en achèterai un pour ta fête ! »*** C'est la réponse carotte-bâton. Quel parent n'a pas utilisé ce stratagème pour faire travailler son fils ? L'ennui de la carotte c'est que dans le meilleur des cas une fois la carotte gagnée, il n'y a pas de raison pour que l'enfant poursuive son effort puisque son seul but était d'avoir un vélo, il l'a, à quoi bon continuer à bosser ? Où alors il faudra une nouvelle carotte ! Le nombre de bottes de carottes qu'il peut y avoir dans la vie...

EN RÉALITÉ VOUS VOUS DITES BIEN DES CHOSES ENCORE

Il vous dit : « Je n'ose pas te le demander ! » Il vous dit là quelque chose qui me semble encore plus important sur l'état de vos relations. Il vous dit qu'il n'ose pas vous demander directement de lui acheter un vélo. Il ne le demande pas ouvertement, il éprouve le besoin de passer par « les copains de l'école ». C'est sans doute ce point-là que vous devrez éclaircir, peut-être pas tout de suite mais il est le reflet d'une relation cachée plus complexe.

La bonne démarche

Lui expliquer ce que vous avez entendu et lui demander si c'est bien ce qu'il veut dire.
Après validation, lui expliquer :

- que les différences existent, qu'on ne peut pas toujours ressembler aux autres pour relativiser la gravité de la situation ;
- que si vous dites non, il ne s'agit pas d'une attitude délibérée pour le punir ou en faire une victime ;
- et que si vous dites oui, il n'a pas à passer par les copains pour vous influencer, que vous n'avez pas besoin de cela pour prendre votre décision.

Et pourquoi vous répondez non ?

Bien sûr il peut s'agir d'un manque de moyens ou de toute autre raison matérielle. Cela se dit, cela s'explique clairement sans autre justification.

Mais quand vous lui répondez : *« Un vélo ? Il n'en est pas question, tu vas encore te faire mal ! »*, alors là, comme refus frustrant vous pouvez difficilement faire mieux. Vous êtes en train de lui dire qu'il est trop malhabile pour avoir son vélo. C'est une sorte d'opinion générique du type : *« Toi, on ne peut pas te faire confiance ! »* C'est très dangereux ! On appelle cela la naturalisation comme s'il s'agissait d'un état.

Le principe de dénaturalisation

« Ce n'est pas ta nature d'être mauvais ! »
Il s'agit de tout faire afin qu'il ne puisse pas s'établir de lien entre la personne elle-même et l'acte non désirable dont elle est l'auteur, ou peut devenir l'auteur.
Combien de fois n'entend-on un instituteur, un professeur ou un parent d'élève dire *« Tu es nul ! »* au lieu de *« Ton devoir est nul ! »* ? Ce serait déjà un progrès car, à force de le « cataloguer » on le décourage. Si la source est mauvaise, l'eau qui coulera sera toujours mauvaise.
« Tu es incapable de comprendre quelque chose en calcul ! » Si le garçon ou la fille se dit qu'il ou elle est incapable de comprendre, à quoi bon essayer de faire mieux la prochaine fois ?
Bien au contraire, si l'on veut donner à cet élève une chance de progresser, il va falloir donner à cet échec un caractère indépendant de sa nature profonde.
Au lieu de *« Tu n'as rien compris »*, il ne faut pas avoir peur de passer à *« C'est impossible à comprendre de cette façon. Je vais te l'expliquer autrement... »*.

Le meilleur principe du management
(qu'il soit d'entreprise ou familial)

« C'est ta nature d'être bon ! »
Si votre enfant réussit un bon devoir, ne lui dites pas *« Bravo ! La chance a été de ton côté... »*, *« Tu avais bien travaillé ce sujet-là, heureusement que tu es tombé dessus... »*.

C'est en resserrant les liens entre cet acte réussi et celui qui l'a fait que la valorisation portera ses fruits les meilleurs. Et s'il y a des causes extérieures, de coïncidence, de chance, de hasard, tâchez de ne pas y faire allusion.

✦ Dénaturaliser l'acte de la personne quand cet acte n'est pas bon.

✦ Naturaliser son acte quand celui-ci est bon.

Et si vous lui disiez la vérité : « J'ai peur ! »

« Je ne souhaite pas que tu aies un vélo parce que j'aurais trop peur qu'il t'arrive un accident ! » Vous ne le mettez pas en cause et vous lui exprimez vos sentiments réels. Soyez honnête avec vous-même.

Cette manière de dire permet à l'autre de comprendre votre refus. Même s'il n'est pas satisfait de la réponse, elle est claire et ne va pas chercher des arabesques sublimatoires ! Vous n'êtes pas d'accord mais au moins il sait pourquoi.

Sans doute avancera-t-il : *« Je serai prudent, je ferai bien attention, etc. »* En tout cas, vous aurez fait un bon pas l'un vers l'autre.

C'est parfois le chemin le plus court entre les sentiments que de dire ouvertement ce que l'on ressent.

LE MESSAGE « JE »

Voilà où j'en suis et toi ?

C'est en m'exprimant sur mes véritables ressentis que je permettrai mieux à l'autre d'exister dans ce qu'il est. C'est en verbalisant ce que je sens que je me comprendrai mieux moi-même.

Les trois temps du message « Je »

1. Le comportement que je décrypte chez l'autre.
2. L'expression du sentiment que je vis.
3. L'effet et les conséquences que cela provoque sur mon vécu.

C'est en apprenant à « se dire » que l'on va réduire les sentiments cachés qui nous séparent et partager ceux qui nous sont communs.

Cette méthode du message « je », que le Docteur Gordon pratique avec les enfants, a certainement son utilité dans toutes nos relations entre adultes. On en retrouve d'ailleurs les aspects positifs dans les négociations les plus diverses.

La minute de vérité en négociation

Lorsque les négociations sont bloquées, c'est parfois parce que l'un des négociateurs a le courage de dire où il en est sur le plan personnel et affectif, que l'autre en fait autant et que la situation se débloque. Il ne s'agit pas de s'apitoyer sur soi-même mais d'exprimer le plus clairement possible ce que nous vivons au moment où nous le vivons.

LES TRANSACTIONS QUI ENTRENT DANS VOS JEUX DE COMMUNICATION

Les basiques de l'analyse transactionnelle

Vous venez de le voir, la transaction qui entre dans nos communications n'est pas simple ! L'un dit ceci, l'autre entend cela mais, en réalité, il se dit autre chose et à des niveaux différents. Et cela peut changer au cours d'une même conversation. Ce qui veut dire que pour convaincre quelqu'un il va falloir que je comprenne le sens de ces transactions et les états qui les gouvernent.

Nous n'allons pas entrer ici dans les arcanes parfois complexes de l'analyse transactionnelle, mais le pouvoir de conviction passera par quelques données simples et claires que vous retrouverez tout au long de votre vie quotidienne ou professionnelle.

J'ai un « moi » dans tous ses états !

L'Analyse Transactionnelle (AT) que le Dr E. Berne développe dans son livre *Que dites-vous après avoir dit bonjour ?* a fait fureur dans les entreprises, sitôt que quelques conseils en communication en ont transféré les données sur des cas de relations professionnelles. De nombreuses formations et stages d'Analyse Transactionnelle existent. Tous ne sont pas porteurs d'outils toujours opérationnels. Ce qui fait la différence ?

Nous tenons à rappeler encore qu'il ne s'agit pas, pour comprendre une interaction, de s'attacher uniquement à ce qui est dit mais aussi et surtout à ce qui peut s'entendre dans le non-dit et dans le non-verbal pour qui sait écouter et voir.

Puisque notre histoire, notre vécu, nos représentations nous conditionnent dans nos relations à autrui, l'Analyse Transactionnelle peut en éclaircir les conséquences. En étudiant de façon structurale et fonctionnelle les états du « moi » de chaque interlocuteur nous comprendrons les transactions que nous avons avec nos proches ou notre hiérarchie.

Je vous l'ai dit, nous n'allons pas développer ici les théories et les techniques de l'Analyse Transactionnelle dans son ensemble. Nous nous servirons des constats les plus élémentaires pour agir sur les mécanismes de nos communications.

J'agis et je réagis en fonction de trois États

À chaque instant de notre vie, nous pensons, nous sentons et nous agissons selon des États de notre Moi. Ces États se sont forgés depuis notre plus tendre enfance jusqu'à notre vie d'adulte et continuent à se modifier lentement. Structurellement, ces États sont au nombre de trois : Parent, Adulte, Enfant.

• *Notre État Parent est normatif :* il fait appel aux notions apprises. Il se conforme aux normes établies, il porte des jugements sans appel. Il répond à un système de valeurs acquises et progressivement établies comme des vérités. Nos vérités.

• *Notre État Adulte est objectif :* il fait appel à la logique, il enregistre les informations venant de l'intérieur comme de l'extérieur, sans émotion ni préjugé. Le raisonnement est en prise directe avec la réalité. Compte tenu de tout ce que nous avons dit jusque-là, nous comprenons bien que l'État adulte pur sera bien difficile à se manifester comme tel. On peut tout au plus faire appel à la « bonne foi objective ».

• *Notre État Enfant relève de l'affectif :* il réagit à des besoins, des émotions spontanées ou conditionnées. Plus ou moins soumis, plus ou moins adapté, plus ou moins rebelle, l'État Enfant éclate parfois chez l'adulte au moment où on l'attend le moins. Difficile à saisir, cet État joueur nous amène très souvent au jeu de la manipulation.

Les trois états qui nous gouvernent

« *Il fait froid* » relève de l'État Parent.
« *Il fait 3 °C* » relève de l'État Adulte.
« *J'ai froid* » relève de l'État Enfant.

J'agis et je réagis en fonction de l'autre

La communication est essentiellement une transaction lorsque nous conversons avec quelqu'un. Nous venons de le constater précédemment sur une simple phrase du rapport enfant-parent. Les États de notre moi vont être en amont de la représentation que nous nous faisons de la situation et de notre interlocuteur, mais ils vont aussi nous pousser à jouer en aval. Cet État psychique nous permettra de nous adapter à cette représentation et rendra cohérents nos comportements à nos propres yeux à un temps « t » de la transaction.

Comme notre interlocuteur en fait autant, cela nous amène à faire l'analyse fonctionnelle de ces États.

L'État Parent peut avoir deux comportements.

- Punissant (PP) : *« Il ne faut pas faire comme cela ! »*
- Nourricier (PN) : *« Attends, je vais te le faire. »*

L'État Adulte (A) ne peut avoir qu'un comportement puisqu'il s'en tient aux faits.

L'État Enfant, en revanche, réagit selon trois comportements possibles.

1. Enfant Adapté Soumis (EAS) ou Adapté Rebelle (EAR) (agit par réflexes acquis).
2. Enfant Créatif (EC) (agit par intuition).
3. Enfant Spontané (ES) (agit en réponse à ses envies, ses sensations).

Il est facile de comprendre que si l'un des interlocuteurs parle en Parent Nourricier (PN) en s'adressant à l'autre comme si c'était un Enfant, tout se passera bien si l'autre accepte de jouer dans le registre d'Enfant Adapté Soumis (EAS). Sinon...

Grille d'évaluation

PP = parent punissant
PN = parent nourricier
A = adulte

EAS	=	enfant adapté soumis
EAR	=	enfant adapté rebelle
EC	=	enfant créatif (intuition manipulation)
ES	=	enfant spontané (ses envies)

La transaction est dite « parallèle » quand l'État où je situe l'autre est bien l'État dans lequel il me répond et fonctionne à ce moment-là. La communication est sans conflit et peut se prolonger.

« Eh bien, elles sont propres les vitres ! » Je me positionne en Parent s'adressant à un enfant.

« Je n'ai pas eu le temps de les faire ! » répond ma femme. Elle répond bien en se positionnant en Enfant Adapté Soumis. Il n'y aura pas de conflit jusqu'au « timbre noir » dont nous parlerons plus loin.

La transaction est dite « croisée » quand je situe l'autre dans un État et qu'il me répond dans un autre État. La communication risque d'aller au conflit et ira au conflit tant que les États resteront figés.

« Eh bien, elles sont propres les vitres ! »

Et ma femme répond :

« Eh bien oui ! C'est comme ça ! »

Elle répond bien en enfant mais en enfant adapté rebelle !

Si vous ne dites rien cela s'arrête là.

Mais la plupart, du temps elle répondra plutôt :

« Si tu n'es pas content tu n'as qu'à les nettoyer ! »

Je m'adresse à l'Enfant et c'est un Parent qui me répond en me plaçant à mon tour en Enfant. Le torchon brûle !

Passer de la transaction croisée à la transaction parallèle réduira les tensions

Si l'un des protagonistes choisit de passer à l'État Adulte par exemple, il y entraîne souvent l'autre. Cela permettra à la transaction de prendre une autre tournure : celle de la compréhension, de la coopération et même de la collaboration.

« *Eh bien elles sont propres les vitres !* » (PP)

Imaginons que votre femme réponde :

« *C'est vrai, elles sont sales. On ne les a pas nettoyées depuis plus d'un mois !* » (A)

Vous vous positionnez en Parent, c'est l'Adulte qui répond.

Aurez-vous le courage de lui dire « *C'est à toi de les faire* » ? Au moins la relation serait déjà plus claire ! Mais bonjour le suivi de la discussion !

D'une manière générale, vous allez aussi revenir à un état plus raisonnable donc à un État Adulte :

« *Oui tu as raison, on n'a pas eu le temps de s'en occuper et avec le temps qu'il a fait...* »

Tout va bien.

Ces modifications peuvent donc être volontaires, on peut agir consciemment sur elles pour peu que l'on souhaite vraiment améliorer l'échange.

Ces schémas seront plus clairs et plus drôles en dessins et graphes.

LES 3 ÉTATS RELATIONNELS

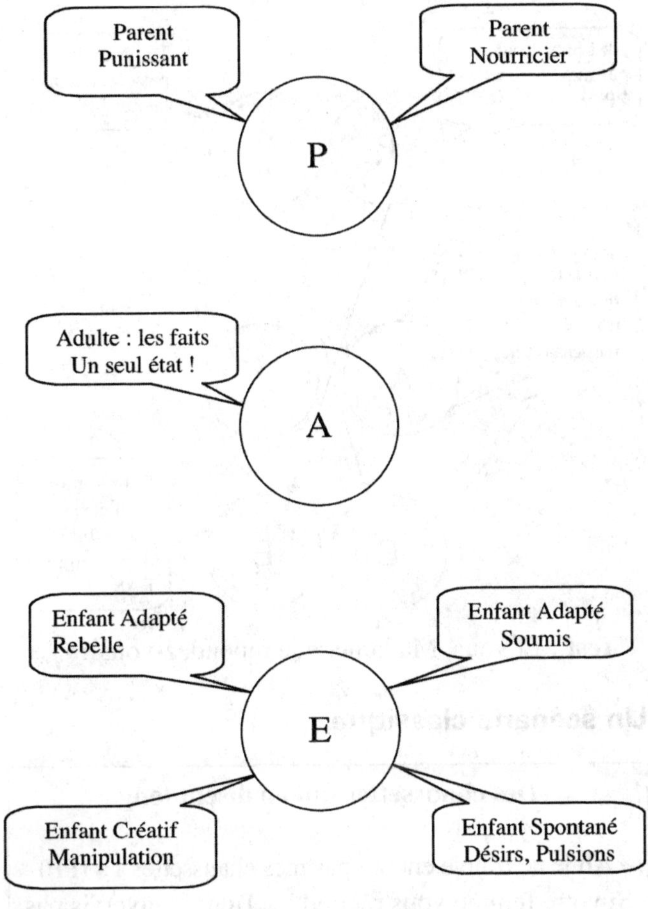

« AH JE NE TROUVE PAS MES CHAUSSETTES ! »

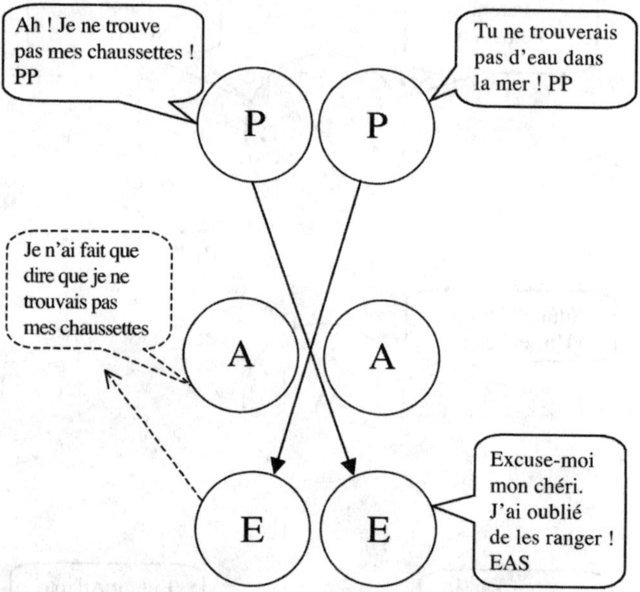

Test : Et vous, Madame, que répondez-vous ?

Un scénario classique

Des chaussettes qui en disent long

« Ah je ne trouve encore pas mes chaussettes ! » (PP) Si votre femme vous répond : « Tu ne trouverais pas de l'eau dans la mer ! » (PP), il y a de grandes chances pour que le dialogue qui s'instaure soit le suivant :

Vous : Je ne t'ai rien demandé ! Je fais simplement un constat : (A) *« Je ne trouve pas mes chaussettes ! »* (En réalité EC manipulateur)
Elle : Non tu n'as pas dit : *« Je ne trouve pas mes chaussettes ! »* tu as dit : *« Ah !!! Je ne trouve pas mes chaussettes !!! »* (PP)
Vous : Je n'ai pas dit *« Ah !!! Je ne trouve pas mes chaussettes !!! »* mais : *« Ah ? Je ne trouve pas mes chaussettes.* » point ! (faussement « A »)
Elle : Non ! Tu as dit *« Ah !!! Je ne trouve pas mes chaussettes !!! »*, sous-entendu : *« Tu ne les as encore pas rangées ! »* et je ne suis pas ta bonne !
Vous : Je n'ai pas dit… etc.

LES TRANSACTIONS ENTRE DES ÉTATS IDENTIQUES

État Parent – État Enfant

Parent Punissant – Parent Punissant vont vous conduire tout droit vers une dispute en règle.

Le ton que vous avez utilisé n'y est sans doute pas pour rien ! Et votre mauvaise foi non plus !

Parent Punissant – Parent Nourricier feront aussi des étincelles. Les deux voulant dominer à leur façon.

Parent Nourricier – Parent Nourricier créent un rapport d'entraide, partagé. Généralement font référence à « de notre temps… ».

État Enfant – État Enfant

Adaptés Soumis ou ***Adaptés rebelles*** : ils peuvent devenir agressifs et boudeurs.

Créatifs : ils jouent et manipulent l'autre ou en complicité se jouent de leur entourage.

Spontanés : ils sont gueulards mais francs, réactifs et sans respect. Cela conduit à des coups de gueule passagers qui ne s'embarrassent pas des contingences.

État Adulte – État Adulte

Ils sont calmes et sereins, sages et sans vague. Ils se positionnent sur les faits, discutent et raisonnent dans une logique où s'estompent au mieux les « a priori » et les « préjugés ». Chacun écoute et prend en compte l'autre.

DIALOGUE ENTRE UN CONDUCTEUR ET SA FEMME

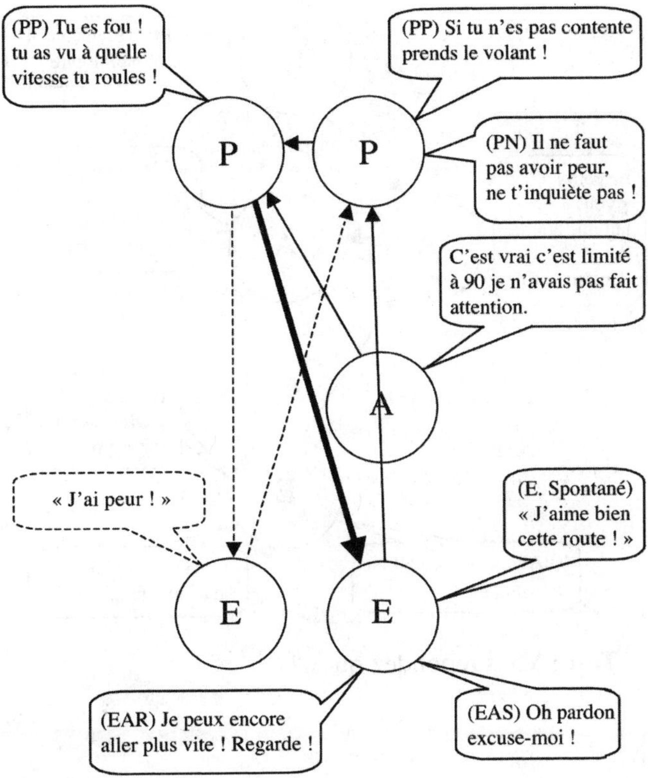

Test : Vous vous situez où, vous ?

VOTRE PATRON VOUS DIT :
« VOUS AVEZ FAIT UNE BOURDE, LÀ »

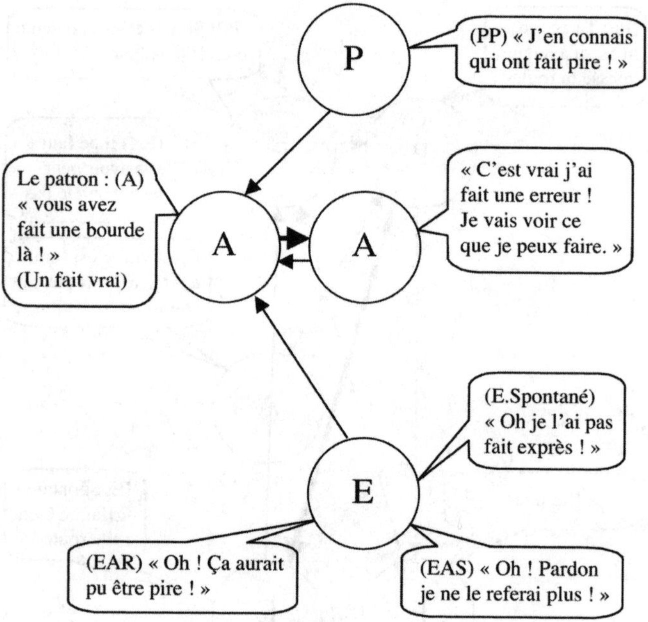

Test : Vous répondez quoi ?

VOTRE PATRON VOUS DIT :
« VOUS N'AVEZ PAS ATTEINT VOS OBJECTIFS »

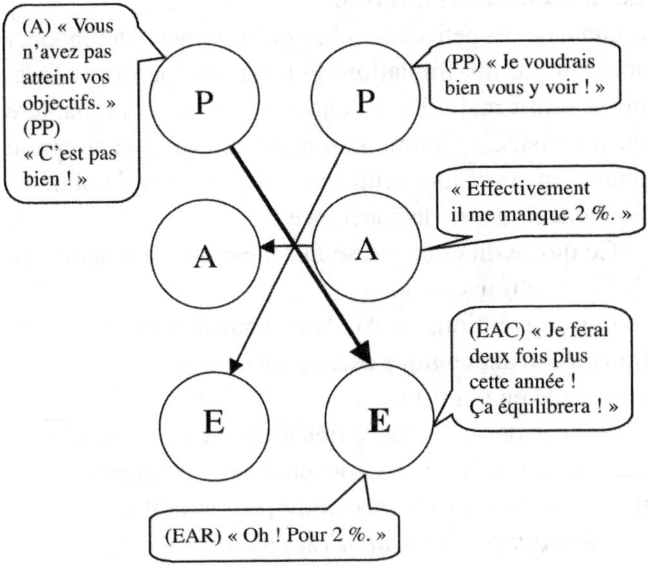

Test : Vous répondez quoi ?

Il y a toujours plusieurs façons de répondre. Cela dépend de « à quoi » et « à qui » vous voulez répondre.

Pour calmer le jeu du conflit, passez à l'État d'Adulte

LES SCÉNARIOS DÉGUISÉS

La transaction cachée

L'ennui de ces petits jeux, c'est qu'ils vont s'interchoquer souvent par dissimulation. Pour ne pas perdre la face, ou se sentir mal à l'aise, chacun va trouver la manière qu'il considère comme la mieux adaptée à la situation pour s'en sortir tout seul sans y laisser trop de plumes. Souvenez-vous de la cohérence !

Ce qui se dit et ce qui se fait n'est que le maquillage de la vraie transaction.

Par convention, en Analyse Transactionnelle, cette transaction authentique cachée sous l'autre est identifiée et repérée en pointillés.

Nous avons commencé très tôt ce petit jeu de la transaction cachée. Madame, souvenez-vous du jour où, jeune fille, vous promenant avec votre petit ami, il vous a dit :

« Il fait très chaud, on n'est pas loin de chez moi, on pourrait aller boire un verre, mes parents ne sont pas là... »

Et vous avez répondu :

« Oui c'est vrai j'ai soif ! D'accord... »

Apparemment cela pourrait ressembler à des États Adultes (A) → (A) : vous n'étiez pas loin de chez lui c'est un fait, il faisait chaud, c'est vrai, vous aviez peut-être vraiment soif et ses parents n'étaient effectivement pas là...

Il n'en demeure pas moins qu'il vous a dit en réalité :

« On va jouer ensemble chez moi si tu veux. » (EC)

Et que vous avez répondu :

« D'accord je veux bien jouer ! » (EAS)

La transaction cachée est bien : (E → E)

Quant à la représentation que vous vous faisiez du jeu en question ?

Et la représentation qu'il s'en faisait, lui ?

La transaction biaisée

De nombreux hommes politiques sont passés maîtres dans l'art de cette transaction-là. Appelée très souvent « langue de bois », elle consiste à répondre à côté de la question avec l'art et la manière de trouver une échappatoire à une situation difficile.

Monsieur X : *« Vous aviez annoncé lors de votre élection que vous alliez baisser les impôts, c'est pour quand ? »*

Il se positionne en Adulte, mais en réalité il agit en Parent Punissant « je vais te prendre en faute ».

Monsieur Y *: « Écoutez, le gouvernement précédent, votre gouvernement donc, a créé douze impôts nouveaux, souvenez-vous, l'impôt sur… »*

Monsieur Y l'a bien senti et se met à son tour dans un État Parent Punissant, mais lui, ouvertement… Mais sans répondre à la question !

La transaction est pourtant de l'ordre de l'État Enfant Créatif (manipulateur).

Ce petit jeu n'est pas exclusivement réservé aux hommes politiques, nous avons tous usé un jour ou l'autre de cette transaction biaisée.

« Tu avais rendez-vous avec qui ? »

« En ce moment les affaires ne sont pas brillantes, j'ai rendez-vous sur rendez-vous... »

Le père dit au fils : « *Où étais-tu hier soir ?* »
Et le fils de répondre : « *J'étais avec des copains.* »

Le jeu du timbre doré au timbre noir

Les scénarios dont nous venons de parler peuvent s'installer dans le temps jusqu'à devenir un type de relation « habituel » établi entre deux personnes avec tout ce que cela comporte de danger.

Tout se passe comme si l'un des deux intéressés collait à chaque fois un timbre sur son carnet d'abonnement. La transaction reste ce qu'elle est et les rapports ne changent pas.

Un jour, le colleur de timbres colle un « timbre noir » c'est le dernier du carnet, et vlan ! Il lance le carnet à la figure de l'autre qui, naturellement, ne comprend pas.

Le problème c'est que ce « timbre noir » arrive après tant d'autres timbres dorés et que, lorsque le carnet vole, ce n'est peut-être pas le bon moment.

Cela fait des mois que, avant de partir le soir, son patron lui dit :

« Mademoiselle avant de partir vous me ferez cela... »

« Oui Monsieur. »

« Mademoiselle je vais vous demander de rester après l'heure... »

« Oui Monsieur. »

« Mademoiselle il faut que vous alliez faire ceci... »

« Oui Monsieur. »

« Mademoiselle il faudrait en plus que vous fassiez cela… »

« Oui Monsieur. »

« Ah ! vous pouvez rester deux minutes de plus aujourd'hui pour… »

« Et merde !!! »

On s'en veut souvent d'avoir réagi ainsi en enfant rebelle, sur un événement qui en soi ne le méritait pas. On aurait pu sans doute réagir bien avant en Adulte pour s'expliquer ou en Parent pour s'imposer. On ne l'a pas fait. C'est la goutte d'eau qui a fait déborder le vase, mais pas au bon moment ! Alors… le lendemain, on reprend un nouveau carnet en se repositionnant dans notre rôle d'enfant soumis :

« Excuse-moi, j'ai réagi un peu trop vivement hier mais… »

Et la transaction risque de repartir de plus belle comme elle était avant le coup d'éclat.

Non Papa je ne suis plus un enfant

Combien de parents se sont étonnés un jour d'entendre leur enfant répondre : *« Non, je ne ferai pas ce que tu me dis parce que… »* et de donner un avis contraire !

L'autorité parentale bien positionnée depuis la plus tendre enfance du gamin vient de s'effondrer. La relation Parent-Enfant vient de passer à « Parent-Parent ». Le petit n'est plus un enfant soumis ou simplement rebelle. Il se permet d'avoir une opinion contraire à la loi paternelle ou maternelle. Il a grandi le petit…

Vous auriez dû comprendre, bien avant ce jour, que lorsque vous lui recommandiez : « *Fais attention en traversant le boulevard* », il avait déjà 18 ans…

Combien de fois vous a-t-il laissé lui dire :

« *Et quand tu verras Madame Untel n'oublie pas de la remercier.* »

Ou : « *Fais attention en traversant !* »

Il collait ses timbres…

Avant d'oser vous répondre : « *Papa je sais ce que j'ai à faire !* »

Il vient de finir le carnet et vous le jette à la tête !

En deux minutes la relation habituelle peut vous exploser au visage.

Nous sommes tous des caméléons

Cette situation n'est pas non plus réservée aux rapports parentaux. Nos comportements, souvent à notre insu, placent l'autre dans un rapport qui, peu à peu, le fige dans un État. Cela peut être l'attitude incitée par un port d'uniforme ou tout simplement un statut, un positionnement hiérarchique ou pas.

Les comportements sont spécifiquement différents.

Tel qui, face à celui-là, s'adressera en adulte, se positionnera face à cet autre dans un Parent directif ou nourricier et avec une troisième personne en Enfant rebelle ou soumis ou manipulateur. Allez savoir !

La transaction varie selon les événements et les acteurs de cette transaction.

Modifier les rapports entre vous ?

Posez-vous les questions :
Quelle est la relation persistante de mes rapports avec quelqu'un ? Quel est mon propre comportement vis-à-vis de cette personne ? Est-ce que son comportement m'est spécifiquement réservé ?

Pour y répondre :
– Repositionnez-vous dans un État adulte rationnel et logique pour analyser le rapport établi entre vous.
– Exprimez ce constat en évitant les jugements affectifs.
– Changez votre comportement plutôt que de lui demander de changer le sien.
– Si les rapports sont bloqués, utilisez le message « je » pour exprimer où vous en êtes de vos ressentis. Il vous suivra et les choses iront mieux.

RÔLES DRAMATIQUES OU TECHNIQUES

S.V.P. !

Ces divers scénarios vont nous amener à prendre des attitudes et des comportements qui nous situent par rapport à l'autre dans trois types de rôles : Sauveteur, Victime ou Persécuteur (S.V.P.).

Lorsque ce rôle nous est alloué par la spécificité de notre fonction, il est dit « technique ». Lorsque nous nous attribuons arbitrairement ce rôle, il est dit « dramatique ».

Vrais ou faux persécuteurs ?

Quand un agent de la force publique vous arrête en vous disant : *« Monsieur vous avez brûlé un feu rouge, je vous mets une contravention ! »*, il est dans son rôle de « Persécuteur technique ». Sa fonction est effectivement de faire respecter le Code de la route.

Lorsqu'il rajoute : *« Vous êtes aveugle ! Vous ne voyez pas le feu rouge, vous êtes inconscient ou quoi ? »*, il outrepasse sa fonction de « Persécuteur technique » pour passer en « Persécuteur dramatique ».

Rien, dans sa fonction, ne lui donne le droit de vous traiter d'aveugle ou d'inconscient…

Vraies ou fausses victimes ?

« Je suis le souffre-douleur de la maîtresse, dit l'enfant, *elle m'a encore puni alors que je n'y étais pour rien… »*

Il est possible qu'il y ait une injustice, il est possible que cet enfant ne bénéficie pas de la même équité que les autres, en ce cas, il est effectivement dans un rôle de « Victime technique ».

Mais, reconnaissons que, généralement, « il s'invente victime » il est en réalité une « Victime dramatique… ».

Ce comportement nous poursuit bien souvent lorsque, devenus adultes, nous trouvons des prétextes extérieurs pour expliquer nos échecs. *« Ils ne m'ont pas prise pour le poste parce que je suis une femme ! »* Cela peut-être vrai et la victime est alors « technique », mais peut-être aussi que cette personne n'est pas compétente pour le poste.

Elle se donne alors le rôle de « victime dramatique » en s'appuyant sur des arguments totalement subjectifs qui la rassurent et la justifient.

Vrais ou faux sauveteurs ?

Monsieur, si quelqu'un tombe dans la Seine et que, courageux, vous plongez pour le sauver, vous êtes un « Sauveteur technique ». Si c'est une jolie fille et que vous lui proposez de venir se sécher chez vous avec l'intention cachée de profiter de la situation pour…, vous n'êtes qu'un « Sauveteur dramatique » !

Il nous arrive aussi, bien souvent, de nous attribuer un rôle de sauveteur qui, pense-t-on, nous valorise. « *Attends, je vais t'aider, je connais bien ce genre de problème !* » Vous a-t-il demandé de l'aider ? Cela part d'un bon sentiment mais en réalité ? Ce ne serait pas pour montrer que vous, vous savez résoudre ce problème ? Et ne seriez-vous pas alors un sauveteur dramatique. On ne vous avait rien demandé… C'est peut-être votre État Parent nourricier qui vous a poussé.

Des États dans tous les rôles

Les rôles que nous jouons dans ce triangle Sauveteur, Persécuteur, Victime (Triangle de Karpman) peuvent être joués dans des États transactionnels divers.

Nos États Parent, Adulte, Enfant influencent la forme de la transaction dans une situation où nous jouons des rôles techniques ou dramatiques. Il n'est pas nécessaire d'être dans un État Parent Punissant pour être Persécuteur, les États Enfants vous persécutent aussi… Notre État Adulte peut aussi s'exprimer dans un rôle de victime ou de sauveteur technique ou dramatique, etc.

Le triangle magique…

Ne rentre pas trop tard… (S.V.P.)

Séquence 1

Nathalie rentre chez elle, il est tard, très tard, trois heures et demie du matin… Son père l'attend.

Le père (Persécuteur technique) : « *C'est à cette heure-ci que tu rentres ?* »

Nathalie (Victime technique) : « *Ben, c'est-à-dire que, je n'ai pas vu l'heure passer et j'ai…* »

Le père (Persécuteur dramatique) : « *On ne peut jamais te faire confiance… Mais qu'est-ce que j'ai fait au Bon Dieu pour avoir des enfants qui n'en font qu'à leur tête !* »

Nathalie (Victime dramatique) : « *Oh c'est toujours pareil, j'en ai assez de cette maison, je ne peux jamais rien faire, mes copines ont de la chance d'avoir des parents qui…* »

Puis passant en Persécutrice, elle rajoute : « *Demain je m'en vais, je quitte la maison…* »

Nathalie monte dans sa chambre… Le père rentre dans la sienne, la mère a tout entendu…

Séquence 2

La mère (Sauveteur technique) : « *Tu ne devrais peut-être pas la bousculer comme ça ! Tu sais, elle a 18 ans et…* »

Le père (passe en Victime dramatique) : « *Ah bien sûr, c'est moi qui ai tort ! J'ai toujours tort avec toi ! Je ne peux rien dire à ma fille sans que…* »

Séquence 3

La mère va voir sa fille (Sauveteur dramatique) : « *Tu sais il faut comprendre ton père, il est surmené en ce moment, ses affaires ne marchent pas comme il le voudrait…* »

Séquence 4

Le lendemain matin

Nathalie (Sauveteur dramatique) : « *Papa, j'ai eu tort de dire ce que j'ai dit, je ne le pensais pas vraiment et je t'aime bien…* »

Le père (Victime dramatique) : « *Non, c'est moi qui ai tort, je me fais tellement de soucis pour toi…* »

S. V. P.

Posez-vous les questions

Quel rôle joue-t-il ? Quel rôle veut-il me faire jouer ? De quel droit me parle-t-il ainsi ? Use-t-il d'un rôle technique ou dramatique ?

Pour répondre

– Il se positionne en Sauveteur, en Victime ou en Punissant (bourreau) ?
– Le rôle qu'il joue correspond à sa fonction.
– Il s'attribue un rôle qu'il n'a pas.
– À moi de recadrer notre relation.
– C'est le moment d'utiliser l'État Adulte. ➜

– N'hésitez pas à dénoncer le processus des rôles dramatiques que s'attribue arbitrairement votre interlocuteur.

LE LINGE SALE EN FAMILLE

« Tu as vu comment tu me parles ?

– C'est toi qui as commencé.

– Tu as entendu ce que je t'ai dit ?

– Tu es d'une mauvaise foi.

– Moi je suis de mauvaise foi ?

– Parfaitement ! »

Le torchon brûle

Il est étonnant de constater que les disputes « ménagères » ont lieu la plupart du temps à propos de peccadilles :

« Tu m'as dit cela », « J'ai pas dit ça ! », « Tu es sourde ! », « Non c'est toi qui parles dans ta barbe ! », « Tu as vu le ton avec lequel tu me parles ? », « Tu as vu comment tu me réponds ! », etc.

Et en plus on boude ! Ce n'est pas joli de bouder !

En grandissant on change de termes : *« Tu me fais la gueule ? » « Non pourquoi ? Je n'ai pas envie de parler, c'est tout ! »* En réalité, bien sûr, on boude. Qui n'a pas vécu ce genre de situation et ce type de disputes ? Elles sont si peu importantes que, bien souvent, on fait toujours « la gueule » alors que l'on ne sait déjà plus pourquoi on la fait !

Vidage de sac pour couple = le temps de se réconcilier

Quand on est en colère, énervé, furieux il est pratiquement impossible de prendre le recul qu'il faudrait pour assainir la situation. Comme disait ma grand-mère : *« Tu vas avoir deux peines : te fâcher et te remettre ami ! »* (C'est fou comme nos grands-mères avaient toutes du bon sens !)

Oui mais se fâcher et s'enfermer dans son mutisme provoque tout de même une impression de plaisir. C'est une manière de punir l'autre et comme chacun en fait autant… Toujours le fameux « dominant-dominé ! »

« Les mots les plus difficiles à prononcer dans la langue française, disait Sacha Guitry, *sont "pardon" et "j'ai tort". »*

La seule solution possible n'est pas de vouloir gérer ce type de comportement familial pendant qu'on le vit, mais de passer avec sa compagne ou son compagnon, sa fille ou son fils, une sorte de contrat « hors crise ».

Cette recherche d'un accord se fera en plusieurs temps.

Un contrat anticonflit pour couple

1. *Restructurer ensemble une situation vécue :* sans donner de tort à l'un ou à l'autre. Une telle analyse « hors tension » vous permettra de vous rendre compte du cheminement de la dispute qui porte finalement sur pas-grand-chose.
2. *Faire ensemble la liste des faits :* uniquement les faits, sans les interpréter. On doit tomber d'accord sur les faits. →

3. Chacun donne ses opinions : là nous entrons dans le subjectif de chacun. C'est bien le cœur de la plupart des conflits quotidiens. Chacun explique sa manière de voir les choses. (N'en profitez pas pour repartir sur une nouvelle dispute !)

4. Les sentiments : c'est généralement là que la situation a dégénéré. Le sentiment d'amour-propre, de vexation, de piège… nous conduit tout droit au rapport dominant-dominé.

5. Le contrat d'engagement : c'est parce que vous aurez fait ensemble le chemin, que vous prendrez ensemble les décisions qui vous paraissent les plus sages.

- L'engagement par exemple de ne pas « bouder ».
- Reconnaître que l'on peut très bien se disputer sur un point sans que cela influence nos comportements suivants.
- Admettre que revenir vers l'autre, pour faire la paix, est plutôt l'expression d'une force que d'une faiblesse.
- Se donner un code pour dénoncer le non-respect de ces règles.

Si chacun des « belligérants » accepte ce contrat-là, il y a de grandes chances pour que vos rapports conflictuels ne vous gâchent plus la vie.

4

Argumenter pour avoir raison

« Raisonner pour avoir raison »

TU VEUX AVOIR RAISON ?

« C'est quoi argumenter ?

– Argumenter c'est présenter des éléments qui vont apporter la preuve de… !

– La preuve de quoi ?

– La preuve que j'ai raison !

– Et comment prouver que tu as raison ?

– En raisonnant bien !

– Et comment tu prouves que tes raisonnements sont les bons ?

– En argumentant comme il faut !

– On tourne pas un peu en rond là ? »

Si l'on essayait d'y voir plus clair ?

Prouver à l'autre que j'ai raison c'est me donner les moyens de le convaincre. Dans convaincre il y a « vaincre ». (Il n'y a pas que cela, c'est vrai ! Et l'on y joue parfois !) Vaincre c'est-à-dire prendre l'ascendant sur l'autre.

Notre vie en société est faite de ce rapport incontournable de « dominant dominé ». Que serait notre existence si nous avions tous les mêmes idées sur tout, si nous pensions tous de la même façon et si nous raisonnions tous de la même manière ? Nous l'avons vu déjà dans les premiers chapitres, notre besoin de cohérence, qui bâtit notre personnalité, nous impose de donner à nos vérités des valeurs universelles et comme l'autre fait de même, la bataille des idées est ouverte en permanence. Avoir raison c'est notre raison de vivre. Qui, parmi nous, œuvre pour avoir tort ?

Mais avoir raison tout seul ne signifie rien, nous voulons que l'autre nous donne raison, et pour y parvenir nous tâchons de trouver les arguments qui vont étayer nos idées et réfuter les siennes. Les sujets de discussion sont infinis. On peut discuter de tout, de la beauté d'une femme, de la qualité d'un film, d'une tendance politique, de la nécessité des centrales atomiques, on peut discuter sans espoir de preuve de l'existence de Dieu, on peut même discuter de l'intérêt de discuter, c'est vous dire !

Et Dieu dans tout ça ?

– Spinoza, adepte de Galilée et de Descartes, s'est risqué à prouver l'existence de Dieu sur le modèle de la science géométrique avec principes, hypothèses, corollaires et tout l'appareil logique qui va avec. A-t-il, pour autant, convaincu ceux qui ne croient pas ? S'est-il convaincu lui-même d'autre chose que par un principe original de parallélisme douteux : *« L'homme qui pense un être dont la perfection est plus grande, accroît sa propre perfection. » « Dieu est cause de soi. »* Et nous voilà bien avec ça !
La forme est séduisante. Le code de langage qui conditionne la compréhension de l'autre l'est moins !

– Spinoza est-il plus convaincant que Pascal et son modèle *logique* de pensées imbriquées les unes dans les autres allant du général au particulier pour repartir du particulier pour aller au général, mais qui, au moment de faire « le saut » vous dit : *« Faites comme si, attendez et ça va marcher Monsieur Coué. »*

– Et Voltaire va raisonner par l'absurde et l'analogie en disant : *« Je ne puis songer que cette horloge (l'univers) marche et n'ait pas d'horloger ! »*

Lequel vous paraît plus convaincant ?
Je n'ai pas la réponse exacte à leurs questions !

Convaincre par le raisonnement ou persuader par le sentiment ?

Les deux mon général !

A priori le but de l'argumentation est de convaincre. Nos raisonnements tendent donc à faire partager le bien-fondé de nos convictions en s'appuyant sur deux facteurs essentiels : celui du contenu et celui de la forme.

Pourtant il faudra que nous gardions en mémoire un objectif beaucoup moins évident, moins avoué aussi : celui de plaire. La différence entre convaincre et persuader est là. Convaincre relève d'abord de la raison, persuader relève d'abord du sentiment.

Vous ne pouvez pas pratiquer de la même manière pour convaincre un directeur de vous engager, ou pour réfuter les arguments d'un débatteur qui vous agresse. Vous ne convaincrez pas votre banquier d'accepter votre découvert en utilisant les mêmes armes que pour convaincre votre fils de faire des efforts en calcul. La situation, elle-même, conditionnera votre savoir-faire, convaincre un groupe de personnes demande des techniques et des méthodes différentes, qu'il s'agisse d'un groupe de travail, d'un exposé ou d'un discours.

Mais dans tous les cas, convaincre et persuader relèvent d'abord d'une capacité à raisonner.

Raison de plus pour avoir raison

Un raisonnement est un enchaînement de propositions émises par différents procédés logiques ou apparemment logiques qui aboutissent à une démonstration de vérité, de fausseté ou même de probabilité.

Les propositions émises sont appelées prémisses, l'aboutissement du raisonnement est appelé conclusion.

Parler pour ne rien dire

Tout raisonnement aussi intelligemment ordonné, bâti sur une logique aussi stricte que possible, où s'appuyant sur une analogie attrayante, ne sert à rien s'il n'est pas adapté au contenu. Ainsi, et cela est essentiel, la forme peut être reconnue comme sans faille, le déroulement des idées inattaquable, si elle ne « colle » pas au contenu c'est qu'on vous fait prendre des vessies pour des lanternes. Alors attention ! Ce qui pourra vous servir d'échappatoire ne doit pas vous aveugler quand l'autre vous éclaire à contre-jour comme à contresens.

Apprenez à improviser

L'improvisation, quelquefois nécessaire, est toujours un bon entraînement pour apprendre à parler en toutes circonstances et ne pas rester bouche bée au mauvais moment. Elle fait appel à votre cerveau droit, celui des analogies, des associations d'idées, des métaphores. Votre cerveau gauche est trop sémantique, logique… Il vous bloque. Il faut donc suractiver le droit.

La forme fait naître le fond

Pour bien improviser, il faut se libérer du carcan de l'autocensure :

- ✦ commencez par une affirmation,
- ✦ commencez franchement avec un ton fort,
- ✦ assumez les silences,
- ✦ dynamisez le corps, faites des gestes ouverts. ➜

Les moyens

- ✦ Dès qu'il y a blocage, utilisez la répétition. C'est une recette miracle ! Cet écho fait à vous-même permet d'alimenter facilement la suite. Cela marche toujours ! Essayez !
- ✦ Usez de reformulations, de paraphrases, de périphrases... Les mots feront naître les idées.
- ✦ Utilisez les chapelets de mots (synonymes, qualificatifs...).
- ✦ Exprimez à haute voix les questions que vous vous posez. On suivra mieux votre démarche et vous donnerez un caractère authentique à votre improvisation.
- ✦ Évitez les mots restrictifs : *« Je ne sais pas très bien, il est possible... »* Ils sont autobloquants.
- ✦ Recadrez sur ce que vous venez de dire, cela vous aidera pour un nouveau départ.
- ✦ Soyez vigilant, la chute se présentera d'elle-même, soyez prêt à la saisir.

Parler pour ne rien dire améliore la fluidité verbale et doit devenir un jeu pour celui qui veut être rompu à l'art oratoire.

LES RAISONNEMENTS DITS RIGOUREUX

« Je crois que je suis logique et rationnel !

– Si tu le crois cela induit que tu n'es pas sûr.

– Et tu en déduis quoi ?

– Ben logiquement… »

Les raisonnements déductifs (synthétiques)

C'est le type du raisonnement direct et progressif qui va de la condition au conditionné, du général au particulier. Aristote déjà disait : « *Un discours tel que, certaines choses étant posées, quelque autre chose en résulte nécessairement.* »

Ce sont des raisonnements qui s'appuient sur une « règle » générale établie, représentative d'un ensemble. Ensuite c'est l'exposé du cas spécifique qui est évoqué : « la situation » particulière que l'on veut étudier. Enfin c'est « la conclusion » de ce raisonnement, le résultat qui tout naturellement s'impose.

En résumé les raisonnements logiques déductifs vont de la cause à l'effet.

Règle → Situation → Conclusion.

A priori, cela paraît indiscutable ! Et pourtant !

Le maillon faible

Tout rigoureux qu'ils soient ces raisonnements-là ont une faiblesse énorme : ils sont plutôt longs et comme il s'agit de faire le lien entre un élément + un autre + un autre… Pour en arriver à la conclusion, c'est autant de faiblesses possibles mises bout à bout. Il doit bien y avoir un maillon faible ? C'est sur celui-là qu'il faudra tirer si vous êtes l'opposant mais c'est ce maillon qu'il vous faudra préserver ou remplacer si vous êtes le locuteur. Le choix des termes, la véracité de chacun d'eux, le vrai lien qui n'existe pas toujours, la cohérence avec la situation sont autant de facteurs qui peuvent faire tomber le meilleur des raisonnements logiques.

Dites-vous d'ailleurs avec optimisme que si de tels raisonnements déductifs étaient sans faille, nous n'aurions plus beaucoup l'occasion de parler. Le modèle de ce type de raisonnement dans son absolu est un modèle mathématique. A priori une science exacte ! Tu parles.

C'est sur sa forme, indépendante de la vérité des propositions, que l'on identifie ce type de raisonnement, pas nécessairement par le contenu.

- **Le syllogisme :** c'est un raisonnement déductif en trois temps. Les prémisses (la majeure et la mineure) conduisent naturellement à la conclusion. Et le faux syllogisme : le sophisme peut faire des ravages !
- **Le raisonnement par l'absurde :** c'est un raisonnement qui permet de démontrer que, si l'on n'accepte pas la proposition émise et que l'on en choisit une autre, les conséquences sont absurdes.

Un schéma logique mal adapté

Voici un raisonnement, d'une logique étonnante, d'un ingénieur en organisation imaginaire qui, après avoir assisté à un concert de musique classique fait un rapport focalisé sur son aspect économique.

« Pendant des intervalles considérables, les quatre joueurs de hautbois sont restés sans rien faire. On devrait réduire leur nombre et répartir également leur activité sur toute la durée du concert de façon à éliminer les périodes de pointe.

Les douze violons jouaient tous les mêmes notes : il semble s'agir là d'une multiplication d'emplois parfaitement inutile.

Il faudrait pratiquer une sévère compression de personnel dans cette section. Si l'on cherche l'amplification des sons, on peut avoir recours au matériel électronique.

L'exécution des triples croches a exigé une importante dépense d'énergie. Il semble s'agir là d'un raffinement superflu. Nous préconisons la réduction de toutes les notes à la double croche immédiatement inférieure. Il serait alors possible d'employer plus largement du personnel stagiaire ou de moindre qualification.

Certains passages musicaux semblent donner lieu à des répétitions abusives. Il faudrait en couper systématiquement la plus grande partie. Il n'est d'aucune utilité pratique de faire répéter par les cors tel passage qui a été préalablement exécuté par les cordes. »

Jusqu'où peut-on aller dans une logique orientée ?

LES RAISONNEMENTS NON RIGOUREUX

« Tu sais très bien que...

– Non je ne savais pas.

– Tout le monde le sait.

– La preuve que non ! »

Les raisonnements de type inductif

Il s'agit d'une démarche régressive qui remonte du conditionné à la condition, de l'effet à la cause alors qu'il peut y avoir d'autres composantes antérieures et des antécédents différents... Le raisonnement inductif est un raisonnement dangereux qui risque de vous faire croire quelque chose par extrapolation et par généralisation.

• **L'induction généralisante** étend à un ensemble ce qui n'est connu que sur quelques-uns de ces éléments.

« Trois personnes m'ont dit cela donc tout le monde pense cela. »

« J'ai tiré huit noix de ce sac, j'en conclus que c'est un sac de noix. » (Et je n'ai pas vu les amandes qui sont au fond !)

« Tous les historiens pensent que... » (J'en connais un qui pense cela, il m'a dit qu'il en connaissait d'autres qui pensent comme lui.)

« La plupart des gens sont intéressés par... » « Tout le monde sait cela... Comment ne le savez-vous pas ? »

C'est combien de personnes la plupart et tout le monde ?

• **L'induction expérimentale** s'élève, en général, de l'observation des faits à l'hypothèse d'une loi explicative puis repart en déduction vers des hypothèses réajustées.

Exemple : le comportement non verbal est influencé par l'état psychologique de celui qui parle.

Hypothèse induite : quelqu'un qui ment doit avoir un non-verbal spécifique.

Hypothèse déduite : le regard doit être l'un des facteurs significatifs.

Le nombre de fuites de regard doit augmenter en situation de mensonge.

Je construis un dispositif pour le vérifier et je prouve exactement le contraire. En situation de mensonge le locuteur a beaucoup moins de fuites de regard que dans une situation normale.

• **Le sophisme :** parfois le raisonnement inductif prend des allures de syllogisme caché, alors qu'il s'agit d'un sophisme.

« C'est un Auvergnat ! Alors sur le plan pognon tu vois ce que je veux dire ! »

Ce raisonnement inductif présuppose un sous-entendu.

Règle (majeure) : tous les Auvergnats sont avares.

Situation (mineure) : le type en question est auvergnat.

Conclusion : il est donc radin.

Surveillez la règle !

Très souvent la règle est fausse. À partir du moment où vous laissez passer la première affirmation comme vraie vous êtes cuit ! Ne vous faites pas avoir par ce petit jeu-là !

En revanche, bien utilisé, avec une bonne dose de mauvaise foi, c'est un procédé qui peut grandement vous être utile. Efficace et rapide.

• **Raisonnement analogique :** il fait le pont entre un système à explorer et un système connu pour que ce dernier serve de justification ou d'explication au premier.

C'est un raisonnement qui sous-entend « c'est comme ». Il s'appuie parfois sur l'allégorie, plus souvent sur la métaphore. Le danger c'est qu'avec ce type de raisonnement toute chose étant semblable devient identique. Et, partant de là, on peut dire n'importe quoi.

« La vie c'est comme un long fleuve tranquille. » Bonjour les rapides et les gorges et les écueils et les...

« Il dort comme un bébé. » Ils n'ont jamais eu de bébé ces gens-là ! Quand il hurle la nuit et qu'il veut son biberon !

« Elle chante comme un rossignol » devient même, par contraction, une métaphore : *« C'est un vrai rossignol ! »*

Si c'était un vrai rossignol, elle volerait mieux que ça à mon avis !

Parfois l'analogie n'est qu'évocatoire :

« Quand on fera danser les couillons tu ne seras pas à l'orchestre ! »

Les avantages des raisonnements analogiques

• **Un chemin plus court**

Les avantages d'un raisonnement analogique sont d'abord de pouvoir très vite faire comprendre la chose qui peut paraître compliquée à quelqu'un, en lui donnant un exemple comparable dans un domaine qu'il connaît mieux.

– Si je suis commercial chez Peugeot et que je dis : « *La 607 a un filtre à particules* » et que je parle avec un spécialiste, je peux lui expliquer le fonctionnement du filtre à particules avec les termes techniques qui vont avec. Sinon je vais devoir expliquer : « *C'est comme votre machine à café, ce qui polluerait votre café c'est le marc. Donc il y a un filtre qui, comme le filtre de votre machine retient le...* »

– La première fois que l'on a voulu m'expliquer comment utiliser un ordinateur je n'étais déjà plus tout jeune et j'avais du mal à intégrer ce que me disait l'informaticien... J'ai commencé à comprendre quand mon fils Serge m'a dit : « *L'écran c'est ton bureau, les dossiers c'est comme tes dossiers cartonnés et les documents, ce petit dessin-là, ce sont tes chemises avec des feuilles dedans. Ici tu as une corbeille à papier... La souris c'est comme ta main... Quand tu ouvres un dossier, tu cliques dessus..., etc.* »

Déjà l'environnement devenait moins stressant.

• **Un chemin le plus attrayant**

L'autre avantage c'est l'impact : l'analogie est souvent imagée, elle illustre avantageusement des propos, les renforce. Elle allège le raisonnement et lui donne une vie qu'il n'a pas toujours.

Les dictons populaires, les maximes et autres formules utilisent souvent l'analogie, elle évite les grands détours explicatifs et frappe les imaginations.

« Il est long comme un jour sans pain ! »

« Il est aussi rapide qu'un escargot ! »

« L'honneur Marius c'est comme les allumettes, ça ne sert qu'une fois ! »

Un raisonnement analogique

3 années de médecine en 3 minutes d'analogie

Le professeur D. m'expliquait un jour : « Le système cardiovasculaire c'est de la plomberie et de l'électricité. On peut comparer nos coronaires à deux tuyaux. C'est dans ces tuyaux que passe le plus de sang avec tout ce qu'il transporte : les plaquettes, les graisses, les globules, etc. Mais le plombier s'est trompé dans le diamètre des tuyaux il les a faits un peu petits.

Quand il y a surcharge de graisse, donc de cholestérol, les bateaux transporteurs ne peuvent plus aller jusqu'à la raffinerie ou l'usine d'épuration : le cœur. Il y a embouteillage de péniches et les transporteurs déversent leur chargement sur le parcours, ce qui encombre nos tuyaux : les coronaires.

De plus, le sang transporte des millions de rustines, c'est ce que l'on appelle des plaquettes. Or, ces plaquettes rustines, dès qu'elles se rendent compte que le flot de sang érode un peu les bords

(comme les bords d'une rivière), viennent colmater les brèches. C'est fort utile bien sûr, seulement voilà, elles manquent un peu d'intelligence ces plaquettes, quand elles se collent, elles ont tendance à s'agglutiner les unes sur les autres et à former de petits monticules. C'est ce que l'on appelle des agrégats plaquettaires, ce sont comme des dépôts de calcaire dans nos tuyauteries, ce qui réduit bien sûr l'orifice de passage. Le sang a du mal à passer et comme notre corps réclame parfois plus de débit de sang (lorsque nous faisons un effort par exemple), cela peut conduire à l'infarctus ou à l'angine de poitrine.
Voilà pour la plomberie, pour l'électricité, le système nerveux… etc. »

Auriez-vous aussi bien compris par un langage logique et rationnel, ou mathématique et technique ?

LES RAISONNEMENTS NORMATIFS

C'est un faux raisonnement à la fois logique et analogique.

S'il n'était tant de fois utilisé, il n'aurait pas sa place ici car il n'y a pas, à proprement parler, « raisonnement ». Le locuteur ou le débatteur se contentant souvent de dire : *« Ça a toujours été comme ça, donc c'est comme ça ! »*

Il peut y avoir un semblant de démarche logique dans la mesure où la référence justifiant une opinion va reposer sur un fait passé.

De mon temps les gens faisaient ceci ou cela et ça marchait bien, pourquoi changer aujourd'hui ? J'ai entendu un vieil agriculteur-éleveur qui, au moment de la crise de la « vache folle » disait à la TV : *« De mon temps quand une bête était malade on l'abattait et on la mangeait, on ne tuait pas tout le troupeau… »* Et pour rajouter de la véracité à ce constat, il apportait une preuve irréfutable : *« Et je suis toujours là, bien vivant et pas malade ! Alors couillonnades que tout ça ! »*

Que voulez-vous répondre à cela ?

Que la vache folle est une maladie spécifique, que son exemple ne vaut pas pour toutes les situations et toutes les personnes, que le principe de précaution, etc. Couillonnades ! Il n'en démordra pas.

Généralement, on essaye de répondre par un raisonnement logique trop loin du sien comme ci-dessus. En revanche si vous entriez dans son état normatif et lui demandiez : *« Et de votre temps, ça existait les farines animales ? »*

« Ben non, bien sûr, les bêtes on les nourrissait nature ! »

« Eh oui ! C'était le bon temps mais de nos jours… »

Et c'est sans doute lui qui viendra à vous dire : *« On ne peut plus faire comme on faisait avant, il y a plein de saloperies aujourd'hui qu'y avait pas, on ne sait pas ce qu'il y a dans les produits que… »* Ainsi, vous arriverez peut-être à le convaincre du bien-fondé des mesures à prendre aujourd'hui.

Le raisonnement normatif : un danger

On vous opposera si souvent ce type de faux raisonnement qu'il est capital que vous soyez vigilant. Cette forme de logique analogique entre l'habitude et son bien-fondé restera l'une des démarches les plus fondamentales à explorer dans notre chapitre « Maintenant à nous deux ! ».

Petits jeux révélateurs

1. Un raisonnement déductif

Vous êtes dans le noir et plongez votre main dans le tiroir à chaussettes. Vous savez qu'il y a dans ce tiroir dix chaussettes noires et dix chaussettes blanches. Avant de sortir de la chambre, pour être sûr de partir avec une paire assortie, combien devez vous tirer de chaussettes ?

2. Un raisonnement mathématique

Deux géants gardent chacun une porte, l'un la porte du paradis l'autre celle de l'enfer.
L'un dit *toujours* la vérité.
L'autre ment *toujours*.
Mais vous ne savez pas lequel.
Comment, avec une seule question à l'un d'eux, trouverez-vous la porte du paradis ?

3. Un raisonnement normatif bloquant

10 arbres = 5 rangées de 4 arbres ?
Dessinez la solution.

Solutions des jeux

1. Règle : il n'y a dans le tiroir que des chaussettes blanches ou noires.
Situation : chaque fois que je pioche, je prends une blanche ou une noire.
Conclusion : au bout de trois pioches, j'ai nécessairement au moins deux blanches ou deux noires. Donc une paire blanche ou une paire noire !

2. Je pose cette question à l'un des deux (peu importe lequel) : *« Si je demande à ton collègue quelle porte est celle du paradis que me répondra-t-il ? »*
Et, quelle que soit sa réponse, vous prenez l'autre et vous êtes au paradis. S'il vous dit *« celle de gauche »*, vous prenez celle de droite et s'il vous dit *« celle de droite »*, vous prenez celle de gauche.
Celui qui ment toujours dit le contraire de ce qu'aurait dit l'autre = mensonge.
Celui qui dit toujours la vérité dit le mensonge qu'aurait dit l'autre = mensonge.

3. C'est une étoile à cinq branches dont les points d'intersection sont les arbres.

– On a du mal à trouver cette solution parce que nos raisonnements normatifs (l'habitude) induisent que des rangées d'arbres sont parallèles. Donc, a priori, c'est impossible avec dix arbres. (Ce n'est pas dans les prémisses.)
– Ensuite nous pensons que, dans une rangée d'arbres ceux-ci sont tous à égale distance les uns des autres. Ce n'est pas dans la règle non plus.
Cela ne nous facilite pas la tâche !

Test d'apprentissage
Apprenez à discerner les raisonnements
et leurs faiblesses

Raisonnement déductif
La règle : dans ce livre toutes les pages ont au moins un sous-titre.
La situation : cette page vient de ce livre.
La conclusion : donc cette page a au moins un sous-titre.
Vrai sans discussion : ce raisonnement est si simple qu'il en paraît simpliste !

Raisonnement déductif
La règle : tous les Congolais sont noirs.
La situation : c'est un Congolais.
La conclusion : donc il est noir.
Le doute : encore faudrait-il savoir si quelqu'un ne peut pas avoir la nationalité congolaise sans être noir ? La règle est-elle fiable ? Il n'y a pas de Belge ? ➜

Raisonnement déductif

La règle : tous les hommes naissent libres et égaux.
La situation : les Sioux sont des hommes.
La conclusion : ils sont donc nés libres et égaux.
Faux : parce que les prémisses sont des souhaits inscrits dans un principe qui n'est pas le reflet d'une réalité sociale.

Raisonnement inductif par analogie

La règle : les êtres humains ont tous les mêmes droits.
La situation : les femmes sont des êtres humains.
La conclusion : donc cette Iranienne a les mêmes droits que son mari.
Faux : par un transfert analogique qui voudrait que tous les pays aient les mêmes règles.

Raisonnement déductif expérimental

La règle : tous les locaux commerciaux doivent avoir un extincteur.
La situation : c'est un local commercial.
La conclusion : donc il devrait y avoir un extincteur.
Vrai : puisque le dernier terme, celui de la conclusion, émet un conditionnel. Débouche sur une hypothèse. Serait faux : « Donc il y a un extincteur. »

Raisonnement inductif pur

La situation : cet homme est fort.
La règle : il est Turc !
La conclusion : donc tous les Turcs sont forts.
Faux : bien sûr ! La règle n'est pas à sa place, il en résulte…

Raisonnement inductif par sophisme

La règle : tous les escargots mangent de la salade.

La situation : l'homme mange de la salade.

La conclusion : donc l'homme est un escargot.

Faux : la règle est juste, la situation réductrice, la conclusion débile.

Raisonnement mixte (plus complexe)

La règle : la nature ne produit que des figures rondes.

La situation : les planètes, les étoiles, le ventre de la mère, les troncs d'arbre, les graines, les œufs, nos cellules, nos globules… Allez-y, cherchez quelque chose qui soit un produit de la nature et qui soit… carré ! Vous ne trouvez pas !

La conclusion : les hommes ne sont pas ronds donc pas une production de la nature ; donc une production de Dieu !

Faux : la conclusion nous emmène où elle veut, mais dans le développement de l'argumentation il y a déjà le maillon faible : le ventre de la mère. Si l'on considère qu'un bébé dans le ventre de la mère est un être vivant, l'enveloppe du placenta est ronde comme l'œuf des ovipares cités… Ce qui veut dire qu'un raisonnement peut noyer une réalité par abduction d'un élément. De plus, le raisonnement inductif par l'absurde « cherchez quelque chose qui, dans la nature, soit carré », est très séduisant. La séduction, une façon de « se faire avoir » content ! Et les « donc… donc… » Méfiance !

UNE SYNTHÈSE LOGIQUE EXPLIQUÉE PAR L'ANALOGIE

Soyons logique !

Avant de conduire une relation coopérative ou compétitive il est bien nécessaire de connaître les facteurs essentiels que nous allons rencontrer.

Nous avons commencé par travailler notre image afin de la rendre sympathique avec pour principe que l'on écoutera mieux quelqu'un qui nous est sympathique plutôt que celui qui nous est antipathique au premier abord. Quelle que soit la situation de rencontre à laquelle nous participons.

Ensuite nous nous sommes donné les outils nécessaires pour bien regarder et comprendre son comportement non verbal. Puis nous nous sommes attachés à la manière de bien écouter. Sans écoute il nous serait impossible de réfuter les arguments de l'autre et de pouvoir le convaincre du contraire. Cette écoute nous permet maintenant d'identifier le type de raisonnement utilisé par notre interlocuteur afin d'éviter de rentrer dans sa dialectique.

Nous allons passer dans la phase centrale de l'art de convaincre et de persuader au bon moment. La démarche est, semble-t-il, logique.

Autrement vous diriez comment ?

Nous venons de parler de conduite de relation, prenons la conduite d'une voiture. Pour passer son permis de conduire on doit d'abord connaître le Code de la route. Nous apprenons ensuite à conduire comme il faut pour nous adapter à ce code. C'est ce que nous venons de faire en prenant connaissance des facteurs qui entrent dans le processus de la conviction. Cela ne suffit pas pour passer le permis de conduire, il nous faut encore appréhender les outils mis à notre disposition, comprendre comment fonctionne une voiture, à quoi servent tous ces boutons, ces pédales, ce levier de vitesse, ces accessoires, etc. C'est ce que nous venons de faire en analysant les divers types de raisonnements mis à notre disposition, leurs forces, leurs faiblesses et les impacts qu'ils peuvent avoir.

Naturellement ce ne sera pas suffisant, il nous reste à faire l'apprentissage d'une bonne conduite dans les diverses situations que nous pourrions rencontrer : démarrer en côte, freiner rapidement, récupérer une mauvaise trajectoire, adapter notre vitesse à l'environnement, faire un créneau… Comme pour bien communiquer et convaincre !

De l'analogie à la logique et inversement

Nous en sommes là. Le chapitre suivant va nous amener à utiliser les outils proposés dans des conditions diverses. Prise de parole sous forme d'exposé à un groupe, discours fait à un public…

Enfin, comme pour la conduite d'un véhicule, il y a des situations extrêmes qui vont de conduire sous la pluie ou dans le brouillard à conduire dans la neige ou sur le verglas. En ce qui concerne le pouvoir de convaincre, on peut aussi se trouver dans des situations extrêmes et elles sont même assez courantes. Débattre en fin d'exposé avec une salle pas toujours docile, entrer dans une controverse, répondre à l'agressivité de son interlocuteur, participer à un duel oratoire dans la vie ou même à la télé, autant de moments difficiles qu'il faut se préparer à passer.

Pour y parvenir, comme pour la conduite d'un véhicule, des accessoires et options supplémentaires seront nécessaires, nous aurons nous aussi nos antibrouillards, nos chaînes de neige, nos systèmes antidérapage. Nous les appellerons : dialectique, rhétorique, procédés et figures. Ils devront nous aider à doubler au bon moment pour finir la course en tête.

5

Convaincre un public

« Tout seul comme un grand »

VOUS AVEZ 30 SECONDES POUR ACCROCHER VOTRE PUBLIC OU LE PERDRE

« 30 secondes comme vous y allez !

– Vous avez raison en réalité c'est encore moins.

– C'est bien la peine de préparer un bon exposé si…

– Raison de plus pour soigner son commencement.

– Si le reste est excellent ?

– Si on ne l'écoute pas avec attention, à quoi bon ? »

Osez !

Des étudiants, des professeurs, des scientifiques, ses confrères de l'institut, tout le monde l'attend. On connaît ses opinions, on connaît sa philosophie toute chrétienne. On apprécie sa vivacité d'esprit, son intelligence, la logique presque mathématique de ses raisonnements. Tout le monde sait l'humour de ce grand homme, son ouverture et sa culture. Il est l'un des plus grands penseurs de notre temps. On connaît le sujet : Dieu. On sait à l'avance ce qu'il va en dire…

Pourtant des centaines de personnes sont là à attendre pour écouter sa conférence. Enfin il arrive, il est là. Chacun retient encore un peu son souffle pour mieux l'entendre.

Jean Guitton, membre de l'institut va parler. Il regarde la salle d'un œil malicieux et lance : *« Quelle est la vitesse de Dieu en plein vol ? »* La salle explose ! Il a gagné.

« Quelle est la vitesse de Dieu en plein vol ? » « Un bon mot pour un bon mot, ça ne vaut pas le coup ! »

Cet exemple est, je crois, suffisamment représentatif de ce que peuvent valoir les premiers mots d'un discours, d'une conférence ou d'un exposé en public. Il y a dans cette question de pure rhétorique de quoi faire le bonheur de qui veut comprendre comment les premiers mots d'une prise de parole en public conditionneront l'ensemble des argumentations qui vont suivre. Plusieurs éléments sont à considérer.

Engendrer la sympathie… avec les mots aussi !

L'humour de cette accroche fait déjà rire les auditeurs. Jean Guitton les met en éveil tout de suite. Un éveil convivial qui rassure ceux qui craignaient de s'ennuyer sur un sujet aussi difficile. La question dite « oratoire » n'attend pas de réponse. Elle est là pour lancer le discours, elle évoque le thème.

La question oratoire

ATTENTION ! Le danger de cette question qui n'attend pas de réponse c'est justement d'en avoir une qui vient de la salle, il faut s'y préparer. Le petit rigolo qui du fond du dernier rang va lancer : *« 1 000 km/h ! »* ou n'importe quelle autre réponse pour faire rire les petits copains, vous ne pouvez pas faire comme si vous ne l'aviez pas entendu, vous devez faire avec, et avec esprit ! *« 1 000 km ? Monsieur, la vitesse de Dieu n'est pas limitée puisqu'il est infini ! »*, ou tout autre type de réponse qui prend en compte l'intervention pour rebondir sur le thème.

ATTENTION ENCORE ! Pour obtenir cette sympathie, cette écoute bienveillante et décontractée, les Anglo-Saxons, les Américains en particulier, aiment commencer leur prise de parole par une histoire, une blague à faire rire… Cette blague est tout à fait indépendante du sujet traité. Peu importe, elle est là

→

pour détendre l'atmosphère. Pour nous, Français, cela ne marche pas. Si vous voulez raconter une histoire, faites en sorte qu'elle ait un lien avec le thème. Sinon le public risque de se répéter « *Je ne vois pas le rapport !* » pendant tout le reste de votre exposé. Notre esprit cartésien supporte mal la petite blague hors sujet.

Créer la surprise :
« Quelle est la vitesse de Dieu en plein vol ? »

La question est non seulement inattendue, mais elle est en contradiction de ton avec celui que devrait employer un membre de l'institut devant des étudiants (le raisonnement normatif est rejeté d'entrée de jeu).

« *Étonnez-moi !* » pourrait dire votre public quel qu'il soit. Ceux qui viennent vous écouter de leur propre volonté, et à plus forte raison ceux qui sont là parce qu'ils ont été convoqués, que ce soit devant un large public ou un groupe de travail, tous sont bardés de préjugés et de craintes. Ils en ont tant vu des conférenciers, ils en ont tant entendu des orateurs, des animateurs ou des managers leur faire des discours monotones, tristes et sans intérêt qu'ils redoutent toujours le pire. Et même si, vous connaissant, ils ont des a priori favorables sur vous… n'oubliez pas que tout lasse, tout passe.

Susciter la curiosité :
« Quelle est la vitesse de Dieu en plein vol ? »

Le sujet est trop sérieux a priori pour qu'on en plaisante. On a l'impression que Jean Guitton traite de Dieu à la légère. La phrase est proche de l'irrévérence. A-t-on le droit à propos d'intemporel et d'infini de prendre une analogie aussi terre à terre, ou air à air, aussi banale que celle-ci ? Ou alors il y a autre chose derrière la drôlerie de l'image ? Déjà, le simple fait de se poser la question attise notre curiosité. On veut en savoir plus. Pourquoi dit-il cela ?

Voilà un bon moyen de s'assurer une écoute participative.

Ouvrir de façon originale et inattendue n'est donc pas suffisant, encore faut-il provoquer l'envie d'écouter la suite. Le mystère provoque l'intérêt, et l'intérêt l'attente de ce qui va suivre.

Évoquer le contenu : « Quelle est la vitesse de Dieu en plein vol ? »

Nous avons parlé du deuxième niveau d'écoute. Ici l'analogie va créer très vite, dans l'esprit de chacun, un rapport inconscient, un lien caché avec certains concepts beaucoup plus complexes et délicats à raisonner. Celui du rapport « temps/espace ». Par exemple le concept *« Dieu est ici et partout à la fois »* est-il si loin de *« Quelle est la vitesse de Dieu en plein vol ? »* ?

Le pouvoir évocatoire des mots passe à travers l'analogie apparemment brute pour faire sous-entendre une partie du contenu qui va suivre. Nous ne sommes pas encore dans l'introduction, mais l'accroche nous y conduit.

L'explication de l'accroche qui suivra sera à la fois sa justification et l'annonce de la démarche. Rien n'est encore dit, tout reste à dire, et c'est déjà dans la poche !

Une bonne accroche et c'est dans la poche

Elle est courte.
Engendre la sympathie.
Crée la surprise.
Suscite la curiosité.
Évoque le contenu.

L'accroche se prépare toujours en dernier

L'introduction ? Pas chapô !

Les journalistes de la presse écrite écrivaient chapeau avec un « ô », un truc à eux ! Un code professionnel, une coquetterie. Le chapô c'est les trois, quatre ou cinq lignes que vous trouvez en haut des articles, souvent écrites en gras, c'est une sorte de synthèse, presque une conclusion, qui vous donne les points importants de ce que vous allez lire en détail dans le contenu qui suit. Selon le chapô, vous poursuivez la lecture ou pas. Vous en connaissez déjà les grandes lignes. À vous de choisir.

Mais dans votre début de discours, si vous faites de votre introduction une conclusion du style : *« Je vais vous expliquer pourquoi nous en sommes arrivés à décider que dès le mois prochain nous allons bâtir notre campagne commerciale autour de trois axes nouveaux qui seront... »*, ce n'est pas la peine de vous fatiguer, vous avez déjà dit l'essentiel. Le mystère, la curiosité disparaissent, l'écoute participative aussi.

Votre introduction doit donner simplement la compréhension du chemin que vous allez parcourir avec eux.

Elle doit dès le début préparer votre public à suivre votre démarche pour adhérer à votre cheminement de pensée. Elle sera donc très courte et sans détail. Elle donne le ton et les deux ou trois passages obligés de votre argumentation.

« Nous allons parler de la satisfaction client en passant par ses deux composantes majeures : la qualité du produit et la qualité de la relation commerciale. Enfin je vous dirai comment nous allons nous donner les moyens d'optimiser l'un et l'autre dans une stratégie globale cohérente. »

Cela suffit, on sait où on va !

Ne dites pas bonjour

Enfin je veux dire pas tout de suite. Commencez par votre accroche, enchaînez sur l'intro et, seulement après, profitez-en pour saluer et remercier avant de poursuivre.

Évitez les départs en rodage

« Je suis ici pour vous parler de… » On le sait, ça se voit !

« Je voudrais vous parler de… » Eh bien vas-y !

« On m'a demandé de parler de… » Si on ne vous l'avait pas demandé vous ne l'auriez pas fait ?

« Il faut que je vous parle de… » C'est vraiment parce qu'il y a obligation, autrement… !

« Je vais essayer de vous parler de… » Il n'est même pas sûr d'y arriver !

« Avant de commencer, je voudrais… » On n'est pas sorti de l'auberge ! Ça y est c'est commencé !

EN PUBLIC : LES PRINCIPES P.I.C.

« Comment les convaincre tous à la fois ?
– Facile ! Thèse, antithèse, synthèse !
– Oubliez ça ! On ne vous demande pas de disserter.
– Quelle différence ?
– Vous devez faire partager VOTRE *point de vue.*
– Et comment ?
– Il y a des schémas simples pour vous y aider. »

P comme Plaire

Nous l'avons dit, plaire, c'est d'abord s'attirer la sympathie.

Prenez tout de suite l'habitude de vous en remettre à la déesse « OARIS ». O.uvrir, A.vancer, R.egarder, I.nspirer, S.ourire.

Avant même que vous ayez prononcé un seul mot, vous aurez déjà fait un bon bout de chemin vers les autres.

Et puis il y a l'accroche dont on vient de parler et que vous construirez en dernier.

Les 10 commandements de l'orateur

1. OARIS avant de commencer (et par la suite).
2. Votre premier geste sera vers le public.
3. Entraînez-vous à haute voix en ponctuation parlée.
4. Utilisez la répétition.
5. Osez valoriser par des scansions (mises en relief).
6. Mordez dans les mots (appuis sur les consonnes).

7. Soutenez vos fins de phrases.
8. Variez votre débit.
9. Soutenez vos arguments jusqu'au bout !
10. Et surtout faites des silences.

Quels que soient votre prise de parole et le thème à traiter, votre comportement face au public agira sur l'écoute que vous attendez des autres.

I comme Instruire

Quand on parle instruction, les gens font généralement la gueule. On leur en a tellement fait baver avec des instructions de toutes sortes, de l'école au service militaire (pour ceux qui connaissent !) qu'ils risquent de le connoter de façon négative. *« On va encore nous seriner des interdits, des principes, des règles et nous bassiner de chiffres et de données dont on se fiche éperdument. »*

Instruire, c'est d'abord informer. N'oubliez pas qu'il n'y a d'informations que d'informations nouvelles. Dire : *« Aujourd'hui, il pleut à Marseille »* n'est pas une information pour le Marseillais avec qui vous parlez, si vous êtes tous deux sous un parapluie sur la Canebière.

Téléphoner : *« Il pleut à Marseille »* à quelqu'un qui n'est pas là, peut être une info, sauf s'il vous répond : *« Je sais, j'ai entendu ça à la radio ! »*

Enfin n'oubliez pas que toutes les infos n'ont pas le même attrait et le même impact. *« Il fait beau à Marseille »* est moins surprenant, donc moins intéressant que : « *Il fait beau à Paris* » convenons-en. Cela veut dire aussi que si vos informations sont nouvelles il va falloir les défendre, les faire accepter, car toute nouveauté présente problème.

C comme Convaincre

C'est ici qu'entrent les raisonnements du chapitre précédent. Avec pour objectif de répondre à un besoin exprimé ou non exprimé de votre public.

Deux cas de figure donc.

1. Vous savez pertinemment que le thème que vous allez aborder fait partie de leurs attentes. Parler de la nouvelle grille des salaires aux salariés, par exemple, n'a pas besoin de beaucoup de savoir-faire pour les motiver vers l'écoute participative.

2. Dans le deuxième cas, vous savez, ou présumez savoir que cela ne fait pas partie de leurs préoccupations et même sur certains points ce que vous allez dire aura du mal à passer. C'est là, encore plus qu'ailleurs, qu'il va falloir construire avec prudence et audace son argumentation.

LES LOIS DE PROXIMITÉ POUR TOUCHER JUSTE

« *Si c'est poignant ou rassurant.*

– *Si c'est attendrissant ou captivant.*

– Si c'est émouvant ou excitant.

– Si c'est frappant ou impressionnant.

– C'est intéressant ! »

Quelle que soit votre prise de parole, les gens qui vous écoutent sont plus sensibles et réceptifs à certains événements qu'à d'autres. Nous avons dit et dirons encore que l'important pour convaincre est d'abord d'impliquer. Il existe des lois que connaissent bien les journalistes et qu'ils appellent les lois de proximité.

La terre tremble à Nice… 150 morts à Tokyo !

Plus c'est géographiquement proche plus ça nous intéresse.

Vous avez certainement remarqué que dix morts à Paris sont plus importants que mille morts à Moscou. C'est ce que l'on appelle le mort/kilomètre. Plus la catastrophe se déroule loin de nous, moins elle est catastrophique. Nous sentons bien que sur le plan de l'éthique cela ne tient pas, alors on en parle, on dit que c'est malheureux, que c'est même épouvantable, mais on est beaucoup moins touché. Donc pour convaincre pensez à prendre des exemples et des faits les plus proches possibles géographiquement de vos auditeurs.

Un exemple qui saute aux yeux : remarquez comment nous nous intéressons à la météo. Chacun regarde la zone géographique qui le concerne. Qu'il fasse froid sur toute la France, bon ! Qu'ils prévoient du moins

20 °C en Alsace soit… Mais qu'il fasse moins 10 °C en Auvergne là où j'ai ma maison de campagne ça, c'est important… Les robinets d'eau…

« Schopenhauer a écrit… » « Si je le choppe celui-là ! »

Plus c'est dans notre domaine socioculturel plus ça nous intéresse.

Nous sommes beaucoup plus impliqués quand on nous parle d'événements, de personnes, de circonstances qui font partie de notre environnement culturel ou de notre « monde ».

C'est parce que le domaine évoqué m'est bien connu que je vais y prêter une attention plus soutenue. *« Les interdictions annoncées sur la viande bovine intéressent plus mon boucher que mon esthéticienne. » « Les nouvelles législations concernant les voitures de fonction n'intéressent pas ceux qui n'ont que des voitures particulières, ou pas de voiture du tout. Et pourtant mon boucher s'y intéresse encore… Il a une voiture de fonction. Mon boucher est un type qui s'intéresse à tout ! »*

« Mon fils, archéologue, se réjouit d'apprendre que l'on a trouvé un nouveau site gallo-romain important. Il cherche à en savoir davantage… Les promoteurs des nouvelles constructions qui doivent se bâtir sur ce site s'y intéressent aussi, mais ils sont mécontents, le chantier va être retardé… »

« Il y a grève des transports en commun à Toulouse ! » « Ah ! Dis-moi, en parlant de ça, pour Châtelet d'ici, je prends quelle ligne ? »

« Il faut l'abattre comme un chien... Mais pas le chien ! »

Plus ça peut nous arriver plus ça nous intéresse.

Ça pourrait nous arriver, alors cela nous touche. *« Il y a eu beaucoup de morts ce week-end sur les routes, c'est ennuyeux, c'est con, c'est tout ce qu'on veut... Mais qu'il y ait eu un camion fou sur la route que je prends tous les jours c'est dramatique. Ça aurait pu m'arriver à moi ! »*

Les fondamentaux de la vie nous interpellent très fort, la vie, la mort, la maladie, le chômage... Tout cela entre fortement dans notre attitude psycho-affective. Pourquoi nous montrer à la télé des enfants qui souffrent de la faim dans le monde plutôt que leurs parents qui en souffrent tout autant et sans doute plus ? Parce que beaucoup d'entre nous ont eux-mêmes des enfants et que l'innocence de l'enfant qui n'y peut rien va nous pousser à mettre la main au portefeuille.

Cette attitude psychoaffective peut aller très loin. Un chien délaissé par son maître et retrouvé attaché à un arbre fait frémir la plupart des gens. Il est innocent, il n'a rien demandé, etc.

À tel point que les producteurs de cinéma savent très bien que si le héros qui vient de descendre une dizaine de types tue un chien, c'est fini pour lui, il est abject. Vous ne verrez jamais le bon héros d'un film descendre un pauvre animal domestique innocent. D'ailleurs l'acteur lui-même, la vedette, refuserait de le faire, il sait que son public, ses fans, ne lui pardonneraient pas.

« Le passé est imparfait, le présent c'est du plus que parfait dans le futur proche... »

Plus c'est maintenant ou dans pas longtemps plus ça nous intéresse.

Parler de ce qui s'est passé il y a dix siècles nous implique moins que ce qui s'est passé il y a soixante ans (la proximité psychoaffective s'en mêle aussi, nos parents, grands-parents nous relient à ces années-là). Mais ce qui se passait il y a soixante ans nous intéresse moins que le présent et l'avenir.

Si vous voulez que vos références aient un impact, ne les prenez pas chez Mathusalem.

J'ai connu cela un jour que je prenais en référence le « parlé et la gestuelle de de Gaulle ». L'un de nos participants au stage m'a fait remarquer gentiment que lorsque de Gaulle était mort, lui, n'était pas né ! J'en ai pris un sacré coup sur les rides mais il avait raison.

Donc soyez attentifs aux références que vous prenez. Dans une entreprise, ce qui motive les collaborateurs c'est le présent mais surtout le futur proche. Alors ne leur faites pas l'historique de la société en large, en long et en travers, ne leur parlez pas trop des résultats d'il y a deux ans, on n'est pas à « il y a deux ans », on est aujourd'hui et on travaille pour demain.

« Tu n'aurais pas un tire-bouchon ? »
« Non ! Mais j'ai un peigne ! »

Plus ça peut nous être pratique plus ça nous intéresse.

Naturellement il n'est sans doute pas nécessaire d'expliquer que si ce dont on vous parle peut vous servir, vous trouverez l'information utile. Si vous avez besoin d'ouvrir une bouteille et qu'on vous propose un peigne, je ne pense pas que vous approuviez la démarche

Parler « pratique » est sans doute l'une des choses qu'oublient le plus souvent les managers dans leurs prises de parole. Pratique pour ceux à qui l'on parle. Trop souvent le confort et les intérêts de l'entreprise ne semblent pas coller avec le confort et l'intérêt des collaborateurs. Grave, même très grave ! Si le collaborateur ne comprend pas l'utilité de vos propositions, pourquoi faudrait-il qu'il y adhère ?

Le management d'une telle entreprise est sans doute à revoir et la maladie vient généralement de la profondeur des habitudes et des fonctionnements passés où l'on ne demandait pas aux travailleurs de penser mais d'exécuter, le taylorisme est mort ! Aujourd'hui le collaborateur veut devenir un partenaire.

S'il est convaincu que son travail apporte un plus à son entreprise et que de son côté l'entreprise lui apporte ce dont il a besoin pour se réaliser lui, c'est gagné.

Parlez-leur de…

Ce qui se passe près de chez eux

Ce qui fait partie de leur culture

Ce qui les touche dans leur affectif

Ce qui se passe aujourd'hui et demain

Ce qui peut leur être utile

Ils vous mangeront dans la main !

CONVAINCRE PAR SON DISCOURS MOTIVER, IMPLIQUER

« Monsieur le Directeur, je n'ai rien compris !

– Qu'est-ce que vous n'avez pas compris mon petit ?

– Je ne peux pas vous dire ce que je n'ai pas compris puisque j'ai rien compris.

– C'est pourtant clair !

– Pour vous ?

– Oui pour moi.

– Mais vous parliez pour nous, non ?

– Mais naturellement.

– Alors parlez-moi de moi ! »

Messieurs et chers administrés... Bonjour et merci de...

Ce type de prise de parole en public est certainement le plus courant, pas nécessairement le plus utile et surtout pas le plus convaincant. C'est celui des hommes politiques, des chefs d'entreprises, des cadres dits supérieurs. C'est le discours le plus subjectif et le plus descendant qui soit. Ce discours-là va même souvent jusqu'à ne pas ouvrir sur un débat. Le PDG a parlé c'est fait, c'est bien et c'est même parfois bien fait mais alors il est tellement descendant que dans la salle, ça roupille, ça roupille, c'est tout juste si ça ne ronfle pas.

Il s'agit bien pour ceux qui parlent de marquer leur territoire, de renforcer leur autorité et d'imposer leur point de vue de façon bien arbitraire.

Allez, du nerf ! De la vigueur !

Un tel discours devrait avoir trois objectifs : expliquer, motiver et impliquer. Mais il fait rarement son œuvre.

Il fait partie de ces prestations où l'orateur parle beaucoup et où les gens retiennent peu. Quand je dis qu'ils retiennent peu c'est qu'ils n'écoutent que ce qui les intéresse personnellement et comme leurs besoins personnels sont souvent différents les uns des autres !

Et qu'en plus on n'en tient pas compte !

Ne vous plantez pas !

Un public, quel qu'il soit, ne sera jamais motivé s'il ne se sent pas concerné, et a fortiori, comment s'impliquer quand on n'est pas concerné ? Pensez donc aux lois de proximité indiquées dans le chapitre précédent.

Neuf fois sur dix, le discours est trop long et bâti sur un ordre chronologique en quatre étapes.

1. On parle du passé que l'on connaît déjà et dont tout le monde se fiche éperdument.

2. On fait une présentation du présent mais ce n'est jamais folichon ou insuffisamment !

3. On fixe des objectifs complètement utopiques à décourager les plus volontaires.

4. Et pour finir, l'orateur, de sa voix lasse, monotone et sans conviction, vous adjure d'un « allez ! nous faisons partie d'une grande famille, retroussez vos manches, il faut y aller... ».

« Je veux bien y aller, moi, mais par où je passe ? »

Arrêtez le massacre ! De l'empathie bon sang !

Commencez par éviter de parler du passé. Le présent les intéresse et ce qu'ils vont devenir ou faire dans le futur proche encore davantage. Alors commencez par là, ça les changera.

Pour ce qui est du présent, arrêtez de leur asséner des coups sur la tête et de leur dire que si ça ne va pas c'est parce qu'ils sont nuls ! J'ai tellement entendu et vu des discours d'effet de ce type que je me demande si le manager qui le fait est conscient des ravages qu'il provoque dans la conscience individuelle de ses collaborateurs.

Mettez-vous donc à leur place, qu'est-ce qu'ils attendent ? Quelles sont les questions qu'ils se posent ? Quelles sont les informations qu'ils souhaitent et qui peuvent les aider ? Et cessez de penser qu'ils ne sont pas concernés par le résultat de leur travail, ce n'est pas vrai !

C'est de cela qu'il faut leur parler.

Expliquer pour motiver

Vous voulez les motiver, ne les forcez pas à boire s'ils n'ont pas soif, ce ne sont pas des ânes. Donnez-leur d'abord envie de boire et alors ils boiront tout seuls.

Vos explications reposent avant tout sur des faits (voir rubrique suivante), elles sont courtes et claires, ne les abreuvez pas de chiffres et de pourcentages. Faites la part du feu.

Motiver pour impliquer

Vos arguments, votre analyse, votre stratégie même ne peuvent s'envisager que de « là où ils sont ». N'essayez pas dans un discours de rentrer dans les détails, laissez cela aux groupes de travail, aux réunions si elles sont bien faites, ce sera plus efficace et plus impliquant. C'est le moment de leur tracer le chemin qu'il faut prendre, la direction vers où il faut aller. Expliquez le pourquoi et le vers quoi, mais laissez-leur le comment. Alors ils s'impliqueront.

Suffisamment d'études psychosociologiques ont été faites pour que vous teniez compte de quelques effets incontournables.

Ce qui démotive vos collaborateurs	Ce qui motive vos collaborateurs
• Ne pas avoir d'information • Pas de pouvoir sur son travail • Pas de reconnaissance • Pas de confiance du N+1 • Ne pas être sollicité sur leur avis • Être comme tout le monde • Obéir sans comprendre • Se sentir seul	• Être informé à temps • Être responsable • Avoir des challenges • Avoir la confiance du N+1 • Connaître le cap de l'ensemble • Résoudre des problèmes • Comprendre leur travail • Travailler en équipe

Tenez-en compte dans vos discours !

Objectiver la subjectivité de vos points de vue

Le discours « d'effet » étant essentiellement subjectif, les opinions différentes peuvent exister et, selon les avis de chacun, créer des barrières à l'adhésion souhaitée...

Pour parvenir à convaincre son public, l'orateur devra s'appuyer sur les raisonnements logiques, clairs et courts (souvenez-vous de ce que nous avons dit : la faiblesse d'un raisonnement logique c'est son maillon faible, alors plus il a de maillons plus le risque est grand).

Ce sont les faits qui doivent corroborer les points de vue. Mais les faits ne doivent pas être des justifications a posteriori, ce serait trop tard.

C'est le moment de vous appuyer sur une méthode de préparation qui vous fera gagner du temps, canalisera votre pensée et vous mettra à l'abri de certaines déconvenues.

Après l'accroche dont nous avons parlé, il va falloir lister les arguments qui vous viennent et chercher pour chacun une véracité. Autrement dit s'appuyer sur des faits avant tout, mais des faits reconnus comme significatifs par ceux à qui vous parlez. De la même manière, si pour illustrer vos propos vous utilisez, et je vous le conseille fortement, des analogies, faites en sorte qu'elles soient parlantes pour ceux qui vous écoutent.

« C'est comme quand vous allez à la chasse au sanglier » par exemple. Tout le monde ne va pas à la chasse au sanglier ! L'évocation est faible !

« Voilà mon opinion »... C'est foutu !

Vous voulez qu'on vous croie, vous voulez qu'on adhère à vos propos, qu'on partage vos idées, vous souhaitez motiver votre public, l'engager sur la voie de votre vérité...

Alors vous lui dites : *« Voilà ce que je pense, voilà mon opinion »* et chacun se dit : *« C'est la sienne ! Pourquoi la faire mienne ? »* D'une manière générale, je vous le répète, n'oubliez jamais ce que nous avons dit au tout début, nous sommes en compétition permanente. Nous n'aimons pas que l'on nous impose quoi que ce soit. Donc votre opinion, si c'est la même que la leur d'accord ! Sinon, « ils s'en tapent ! ».

Dès le début de votre intervention, vous séparez votre public en deux : ceux qui pensent comme vous et ceux qui ne pensent pas comme vous...

« Les appartements à Paris ne sont pas encore très chers ! »

Ça ne va pas non ! Il est fou ce type !

Ça va être difficile d'obtenir l'adhésion de tous !

Qu'est-ce qu'ils en pensent, eux ?

« Il faut organiser la parité hommes-femmes dans les conseils régionaux. »

« Y a déjà trop de femmes ! » « Ah quand même ! »

« Nous allons changer nos méthodes de... »

« Pourquoi changer ça marche bien comme ça. »

« La direction a choisi une stratégie qui... »

« Changer, toujours changer ! »

« Nous avons fixé de nouveaux objectifs qui sont... »

« Comme d'habitude, inatteignables... » ➜

« La décision de faire ceci ou cela a été prise. »
« Elle ne me convient pas ! » « Il était temps ! »

LA MÉTHODE F.O.S.I.R.

La présentation des arguments

F / Voilà un Fait ! Ça vous la cloue !

C'est sur les faits que vous avez le plus de chance de rassembler. Dans l'idéal, un fait doit être incontestable et incontesté. C'est la manière dont on voit ce fait qui sera peut-être différente, mais là, nous passons déjà dans l'opinion.

Le fait ne peut pas être une prédiction ou une projection dans le futur, il ne peut être pris que dans un passé et mieux encore dans un présent.

« Londres est encore aujourd'hui trois fois plus cher au mètre carré que Paris. » « C'est un fait… Et si je puis rajouter à ce fait que Paris est encore deux fois moins cher que Berlin, quatre fois moins cher que Stockholm, etc. » La multiplication des faits va renforcer l'argument qui suivra.

O / Voilà mon Opinion ! Pour vous faire adhérer du cerveau !

C'est en s'appuyant sur ces faits reconnus que votre jugement aura le plus de chance d'être entendu et compris. Parti d'un accord, le public vous suivra plus facilement dans votre raisonnement logique, déductif. Là encore, au beau milieu de votre discours vous pourrez toujours rebondir sur d'autres faits qui viendront encore renforcer votre raisonnement.

« Je pense donc que les prix vont encore augmenter dans les cinq années à venir... Pourquoi cinq années ? Parce que si nous regardons la courbe des augmentations, nous voyons que sur les cinq dernières années, les prix ont continué de monter, mais à chaque année avec un pourcentage moins important que l'année précédente. Si l'on prolonge cette courbe nous nous apercevons alors que dans cinq ans elle devrait se stabiliser. Or, dans cinq ans justement, nous serons arrivés à des chiffres comparables à ceux des autres capitales européennes. »

S / Voilà mon Sentiment ! Pour vous faire adhérer du cœur !

L'homme n'est pas fait que d'un cerveau qui pense, raisonne, analyse, juge... Il est fait de sensibilité, d'affectif, de sentiments. Faire appel aux sentiments pour convaincre, c'est donner à sa conviction son aspect humain. Naturellement, certains jouent sur la fibre sensible pour imposer des idées. Nous ne disons pas cela, nous disons que tout raisonnement, même le plus logique et rationnel, ne doit jamais se couper entièrement du facteur affectif sous peine de rester froid et donc de ne pas sensibiliser les gens, de ne pas les concerner vraiment, de ne pas les faire adhérer de l'intérieur.

« Je ne dis pas que je souhaite, pour nous comme pour vous, que cette augmentation continue encore de grimper pendant cinq années... Je sais que si les choses vont ainsi, bon nombre d'entre nous n'auront pas les moyens de réaliser leur rêve de logement. Je comprends qu'il soit difficile de... »

I / Et voilà maintenant mon Intention d'action

Si vous avez parlé, c'est que vous voulez en venir à quelque chose. Si vos paroles, aussi belles soient-elles, ne vous conduisent pas vers une intention, c'est qu'il y a problème. Le simple constat des faits et l'opinion, comme le sentiment qu'on en a, ne font pas pour autant avancer le schmilblick d'un chouïa.

Après votre démonstration, votre exposé, votre argumentation, il vous reste à nous dire où vous voudriez aller, qu'est-ce que vous souhaiteriez faire… C'est l'intention d'action.

« Les études qui ont été faites de la situation actuelle (lesquelles ? qui ? où ? quand ? comment ? des faits, toujours des faits !) prouvent que…

(Mon opinion) Cette flambée des prix repose sur quelques fonctionnements moteurs qui conditionnent l'ensemble du marché. Les grandes sociétés, souvent les sociétés bancaires ou les grands groupes d'assurances, ont investi depuis des années dans l'immobilier et ce qu'elles ont acheté par immeubles, elles le revendent aujourd'hui à la coupe, par appartements… Naturellement, appartement par appartement, le prix n'est pas le même au mètre carré… le mètre carré qui est acheté en immeuble à 1 000 euros se revend en appartement à 6 000 euros.

Et que deviennent les pauvres particuliers, délogés parce que pas suffisamment argentés pour acheter le logement qu'ils louaient ? Ils partent plus loin… (Sentiment). Or le patrimoine immobilier appartenant à ces sociétés représente sur Paris plus de 60 % du marché. (Des faits encore des faits.)

C'est donc sur ces opérations-là qu'il faudra agir pour… Je pense que… (c'est mon opinion).

Alors nous allons… (intention d'action). »

R / Et pour finir voilà la Résonance de tout ça

Mettons-nous d'accord sur le mot. La résonance, c'est la conséquence de l'action, c'est le nouvel environnement, la nouvelle situation qui en résultera pour ceux qui vous écoutent.

Cette résonance est oubliée neuf fois sur dix lors des prises de parole. Les gens ont bien parlé, ils ont dit ce qu'il fallait faire et c'est tout bon ! Eh bien non ! Ce n'est pas tout bon ! Pour ceux qui écoutent, l'important est ici.

« Soit ! Nous reconnaissons le bien-fondé de l'argumentation, nous reconnaissons que les solutions proposées peuvent être les bonnes, mais moi, pour moi, de mon point de vue à moi, ça va changer quoi ? »

« Avec les mesures que je préconise et la loi qui sera votée, dans un an, je vois un paysage tout différent. Vous pourrez accéder à la propriété par… Les prix seront stabilisés… »

> Un discours
> pour convaincre ?
> Appuyez-vous sur des faits
> pour développer
> votre opinion !

6

Des supports visuels pour convaincre

« Je vais vous expliquer… »

CONVAINCRE EN EXPOSÉ LA MÉTHODE C.H.O.C.

« Un exposé c'est différent d'un discours !

– En quoi ?

– Le discours implique, l'exposé explique.

– C'est ce qu'on appelle une présentation !

– Souvent c'est : "Bonjour, je vous présente mes slides !"

– C'est vrai que ça m'aide bien !

– Ce n'est pas fait pour vous aider, c'est fait pour les aider eux ! »

Exposer, c'est s'exposer

À l'évidence, faire un exposé relève des mêmes contraintes, des mêmes qualités et des mêmes difficultés que convaincre un public quel qu'il soit, pourtant la situation et les objectifs sont souvent différents en exposé, et surtout les supports visuels toujours possibles sont devenus ici essentiels. Ce n'est plus un discours d'effet avec ses subjectivités, c'est un discours d'information. Il doit reposer sur des éléments objectifs. On n'est plus dans : « *À mon avis il faut faire cela* », « *Mon opinion c'est que* » ; on est dans : « *Voilà ce que vous devez savoir* », « *Voilà ce qui a été décidé* », « *Voilà comment ça va se passer* ».

C'est l'exposé du manager, le N+1 qui réunit ses collaborateurs et leur délivre un message professionnel qui parfois lui vient de sa direction et auquel lui-même n'adhère pas forcément. Malgré tout, il doit le présenter avec toute sa force de conviction. Le message ne vient pas nécessairement de vous, vous n'êtes en général pas à l'origine de ce que vous devez dire. Vous êtes une courroie de transmission et l'on sait qu'une courroie de transmission peut faire perdre une énergie considérable au système. Pourtant il est de votre devoir d'expliquer, de faire comprendre pour obtenir une participation active de tous au projet que vous développez.

L'ennui c'est que ce type de message risque d'être lambda, donc froid et pas toujours adapté.

C / Ciblez votre exposé : « Quel objectif et pour qui ? »

Commencez par préparer votre conclusion.

Vous gagnerez du temps. Où voulez-vous en venir avec votre exposé ? Le nombre de fois où, parce que l'on n'est pas clair avec les objectifs visés, on tâtonne, paraphrase, revient, repart. Au final, beaucoup d'éléments redondants se retrouvent à la sortie parce qu'ils représentent un travail et qu'on n'a pas osé les couper. Vos explications doivent toutes converger vers cette conclusion avec laquelle les gens partiront et qui ouvrira sur le futur. Raison de plus pour être clair dès le départ avec vous-même. Si vous ne savez pas très précisément pourquoi vous allez parler, comment voulez-vous que les autres le sachent ?

Rédigez donc cette conclusion dès le début de votre préparation, vous pourrez toujours, une fois le reste du travail fait, et si nécessaire, la transformer un peu pour mieux coller encore. L'une des difficultés de ce type d'exercice repose aussi sur le fait que lorsque vous devez transmettre, par un exposé, un certain nombre d'éléments, vous devez parfois le présenter à plusieurs populations différentes.

Mieux encore : on vous donne les éléments à présenter, les slides sont parfois déjà construits.

Peut-on faire le même exposé aux commerciaux qu'aux financiers ou aux informaticiens ? Peut-on présenter les mêmes supports, utiliser les mêmes raisonnements logiques ou analogiques pour des collaborateurs fonctionnels ou pour d'autres qui sont des opérationnels ?

Rappelez-vous que les mêmes arguments ne sont pas reçus de la même manière par chacun.

H / Hiérarchisez vos arguments : « Je vais leur dire quoi ? »

Parce que vous savez à qui vous vous adressez vous savez maintenant parmi les éléments de démonstration que vous possédez, quels sont ceux qui sont proches de leurs attentes. C'est ceux-là que vous devez garder. Ne passez pas en revue toutes les explications possibles, le trop-plein ne sert qu'à noyer vos explications. Faites le choix qui vous semble le plus judicieux en faisant de l'empathie.

Et n'oubliez pas que, pour chacun de ces arguments à présenter et à développer vous pouvez vous appuyer sur un fait. Prenez ce fait dans leur environnement proche. Si vous choisissez pour une meilleure compréhension une analogie, sachez prendre celle qui est proche de leur métier ou de leurs préoccupations.

Une fois votre choix d'arguments ou d'explications fait, hiérarchisez ce choix. Qu'est-ce qui est le plus important pour eux dans ce que je vais dire ? Ne gardez que le premier choix !

O / Organisez votre exposé : « Je vais leur expliquer comment ? »

Ordonner votre exposé, c'est lui donner une structure logique pour ceux à qui vous vous adressez. Votre hiérarchisation va vous conduire à chercher des liens particuliers entre les éléments retenus dans un ordre spécifique. Votre exposé étant prêt vous allez préparer votre introduction. Courte, claire et sans détail. Puis ce sera le moment de choisir votre accroche.

C / Construisez vos supports : « Je vais faire des slides S.I.C.A.V. ! »

S.imples, I.magés, C.lairs, A.érés, V.ivants

Les slides « S.I.C.A.V. »
Quelques principes pour des slides efficaces

SIMPLES	→	Mots concrets, porteurs de sens.
IMAGÉS	→	Dessins et courbes.
CIBLÉS	→	Supports pour les autres.
AÉRÉS	→	Peu chargés.
VIVANTS	→	Contrastés, colorés, animés.

DES SLIDES POUR QUOI ?

Un principe permanent

Les supports visuels (Power Point dans la plupart des cas) sont là pour les autres, pour les aider à mieux vous suivre, à mieux vous comprendre. Ils ne sont pas faits pour vous servir d'antisèches.

Pourquoi des aides visuelles ?

En exposé, face au public, les seuls canaux de communication qui vous permettent de toucher à distance sont la vue et l'ouïe. Le taux de mémorisation d'un même message varie avec le canal choisi.

Le tableau qui suit vous aidera à comprendre sans commentaire pourquoi l'aide visuelle est d'un apport considérable dans votre désir de convaincre.

La mémorisation d'un même message

- 20 % de ce qui est entendu.
- 30 % de ce qui est vu.
- 50 % de ce qui est vu et entendu.

C'est donc bien pour optimiser votre pouvoir de conviction que vous allez devoir construire des slides.

Celui qui suit n'est-il pas plus parlant que le tableau précédent ?

Les mots et les images

La double perception
pour optimiser la mémorisation.

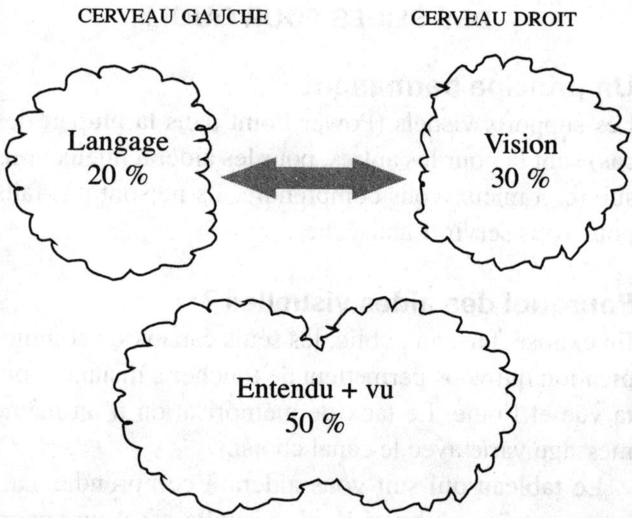

Deux cerveaux pour comprendre

(Roger Sperry, prix Nobel 1981)

Les deux parties gauche et droite de notre cerveau ne perçoivent pas de la même manière. Leurs systèmes sont complémentaires et peuvent se résumer ainsi :

cerveau gauche : saisit le texte,
cerveau droit : saisit l'image.

Perceptoin d'un texte par le cevreau droit !

Lisez rapidement les phrases suivantes de façon globale

Plutôt qu'une exiplaction effrocez vous de lire ces lignes radipement en ulitisant votre cevreau driot, vous comprnez tout.
Avec un peu d'habutide vous saissisez glolabement le sens.
Alors qu'en y regaradant de plus près…
Le cevreau de l'hémipshère driot est dnoc calapble de perecvoir l'ensmeble et de retourver sponatenment ce qu'il siginifie.
Accessioerment on comrpend pourqruoi l'hémipshére gacuhe est le sèige de l'ortohgarphe et l'hémipshére driort celui de l'anaylse grammitacale.

Est-ce que nous lisons bien : *L'arbre cache la la forêt*

La répitetion ci-dessus n'est pas déocuvrerte tuot de siute pare ceque le creveau doirt foncitonne sponatnément.

DES SLIDES ÉCRITS POUR CONVAINCRE

Ce sont des mots qui sont vus

Ce ne sont pas les meilleurs slides mais ils sont parfois nécessaires et intraduisibles en images.

Ce type de slides est utilisé pour aider la mémorisation de mots-clés qui vont engendrer les idées ou les canaliser. C'est aussi un moyen de clarifier la démarche en indiquant le plan, le déroulement, les diverses parties. C'est enfin une manière de synthétiser un commentaire.

Deux types d'utilisation

Les informations qualitatives : le but à atteindre, le fil du raisonnement, l'analyse, le lien entre les parties.

Les informations quantitatives : les faits, les données brutes, les nombres…

Attention ! Le visuel trop écrit où le cerveau gauche, qui suit séquentiellement le discours, doit en plus décoder et analyser le visuel, crée un parasitage dangereux pour la compréhension rapide.

Le rendement chute considérablement et la mémorisation spontanée est moindre.

La loi de Georges A. Miller

La capacité d'attention ponctuelle permet à chacun de saisir 7 (+ ou - 2) items en même temps. Donc pour être efficaces vos slides écrits ne comporteront que 5 à 7 lignes et chaque ligne de 5 à 7 mots.

Si pour des obligations incontournables vous devez faire plus long, faites apparaître le texte par séquences. Le Power Point fait ça très bien !

Des mots pleins

Vus, ils vont être perçus par le côté droit de votre cerveau. La moindre difficulté de décryptage, la plus petite analyse sera prise en compte par la partie gauche, il va y avoir parasitage. Donc une efficacité moindre. Pour réduire au mieux ce risque tâchez de trouver les mots les plus courts, les plus concrets, les plus précis et les plus familiers possibles.

Attention aux verbes qui, pour certains, sont tellement flous qu'ils ne veulent plus rien dire : le verbe « faire » par exemple a tendance à n'apporter aucune information. « Faire », d'accord mais comment ?

Tâchez de choisir le même type grammatical et le même temps. Si vous commencez une ligne par l'infinitif, tâchez de garder l'infinitif pour les autres lignes du même slide. Si vous commencez par l'impératif, poursuivez par l'impératif. Si vous avez choisi un adjectif prenez des adjectifs pour la suite.

Aider le cerveau droit	Aider le cerveau gauche
• Une seule idée par visuel. • Un nombre limité d'items. • Du graphisme et peu de textes. • Une mise en page aérée.	• Le graphisme ne change pas. • L'articulation des séquences est logique. • Les mots sont simples. • Le message est clair.

En exposé pour convaincre : le moins possible de visuels à lire !

La charte graphique

Généralement les entreprises ont une charte graphique spécifique, naturellement il faut s'y tenir.

Un seul caractère sera utilisé, sauf pour les titres et sous-titres qui seront dans un corps différent.

Pensez que les mots doivent être suffisamment gros pour être lus sans difficulté et de loin.

Vous utiliserez *l'italique* pour marquer les différences et naturellement le **gras** pour marquer l'importance.

Un titre indiquera l'objet du slide.

Le sous-titre indiquera l'objectif du slide.

UNE IDÉE TITRE

UN SOUS TITRE EXPLICATIF

5 À 7 LIGNES
5 À 7 MOTS PAR LIGNE
DES MOTS COURTS
DES MOTS SIMPLES
DES VERBES ACTIFS

Peu de mots, une image, un message.

BIEN PRÉSENTER SES SLIDES

Ne vous en servez pas d'aide-mémoire. Votre commentaire sera construit à partir de mots-clés sur plusieurs petites fiches. Ces mots doivent déclencher l'idée qu'ils sous-tendent.

Vos commentaires se feront vers votre auditoire et pas de dos. Vous vérifiez sur l'écran de contrôle et c'est tout.

Vous devez être le premier aide visuel de votre exposé.

On n'est pas là pour admirer vos slides et la façon dont vous faites venir les lettres, les mots, ou les couleurs. Que votre diaporama soit animé, soit, mais surtout évitez ce que l'on voit trop souvent aujourd'hui, une machine à faire des images et des trucages qui passe au-dessus de votre propre prestation.

L'ORDRE DE PASSAGE DE VOS SLIDES

Le déroulement habituel est simple : « *Je passe un slide, je le lis, je le commente* », « *Je passe le slide suivant, je le lis, je le commente* », « *Je passe le slide suivant je le lis...* », etc.

Pensez aux trois possibilités qui peuvent casser un peu le déroulement rectiligne de votre présentation.

1. Mon slide est commenté après avoir laissé les participants le lire et le voir (pratique habituelle).

2. Mon slide ne viendra qu'après que je l'aie annoncé. Je prépare mon public : « *Vous allez voir sur le slide suivant une courbe blanche, une rouge et une bleue,*

elles représentent... » Ou : « *Je vous préviens que le slide suivant est chargé en chiffres et valeurs, ne vous attachez qu'à ceux qui sont...* »

En fait c'est : « *Vous allez voir ce que vous allez voir et regarder ce qu'il faut regarder !* »

3. Mon slide peut enfin venir après mon argumentation pour en faire la synthèse en quelques mots ou une image sur ce que je souhaite que l'on mémorise.

DES IMAGES POUR CONVAINCRE LES SLIDES EFFICACES EN EXPOSÉ

Regardez mes slides comme ils sont beaux !

Là est le véritable apport visuel de vos diaporamas Power Point.

Qu'ils soient.présentés pour analyse, qu'ils soient la synthèse de ce que vous venez de dire, qu'ils soient la présentation de ce que vous allez dire, leur rôle reste capital sous deux conditions : ils doivent être adaptés au contenu du texte oral que vous exprimez, d'une part, et adapté au résultat souhaité, d'autre part, c'est-à-dire à votre objectif.

Les slides en images illustrent vos propos à condition qu'ils soient simples à comprendre et peu nombreux.

Ziiig ! Zang ! Zoug ! Boum ! Flasch ! et Youpiiii !!!

Les possibilités d'effets spéciaux que propose un logiciel comme Power Point sont souvent tentantes. Attention ! Évitez une utilisation trop chargée de ces effets d'images, zoom et chassés, apparition et disparition en effet bombe ou feu d'artifice, musique et onomatopées, virgules musicales répétitives où sons insolites... Ce qui peut être attractif ne l'est plus quand il y a surabondance d'effets informatiques... Les participants risquent de sortir avec une tête, comme on dit dans le Midi, *« grosse comme une coucourde »*.

Là encore, la meilleure des applications reste la sobriété, sinon gare ! C'est vous qui risquez de disparaître et sans effets spéciaux cette fois-ci !

Pratique des graphiques spécifiques

Nous choisirons le mot graphique au sens large. C'est-à-dire la représentation de facteurs mesurables sur des tableaux, colonnes, diagrammes, courbes, points, etc.

Chacun de ces graphiques a son utilité spécifique. On peut avoir le choix entre plusieurs représentations, mais toutes ne sont pas utilisables au même moment.

C'est le choix du bon graphique qui déterminera la possibilité d'impact de ce que vous voulez expliquer.

Nous allons très rapidement parler des graphiques les plus courants et de leurs utilisations.

L'impact d'une bonne image est plus fort que le sens des mots.

C'est la forme générale qui agit, pas les éléments ! L'esthétisme ne vient qu'en second.

UN BON VISUEL CONVAINCRA MIEUX QUE DES MOTS

LES TABLEAUX

Attention ! Les tableaux servent à présenter de nombreux items. Ils sont souvent surchargés, fastidieux. Comment voulez-vous comprendre le tableau ci-dessous sans un commentaire ?

Les facteurs non verbaux en situation de MENSONGE

Situation / Types de gestes	Nombre de gestes/minute				
	Dans une situation normale de la vie quotidienne	Dans une situation de stress faible	Dans une situation fortement stresssante	Dans une situation de stress + mensonge	Résultats comparatifs
Gestes illustrateurs	14	12	10	11	non significatif
Gestes d'autocontact	2	4	3	2	non significatif
Sourires	5	4	3	4	non significatif
Fuites de regard	16	14	15	0	significatif

Commentaire oral

Dans les trois premières lignes, les variations du nombre de gestes/minute ne sont pas significatives. En **mensonge**, les seuls chiffres significatifs sont la chute du nombre de **fuites de regard**. La personne qui ment ne vous lâche pas des yeux, contrairement à la pensée commune.

LES COLONNES

Ce sont les rectangles verticaux

En principe on les utilise quand il y a le facteur temps en abscisse.

La verticalité oblige à très peu de mots ou de chiffres.

Simples : elles peuvent être remplacées par une courbe.

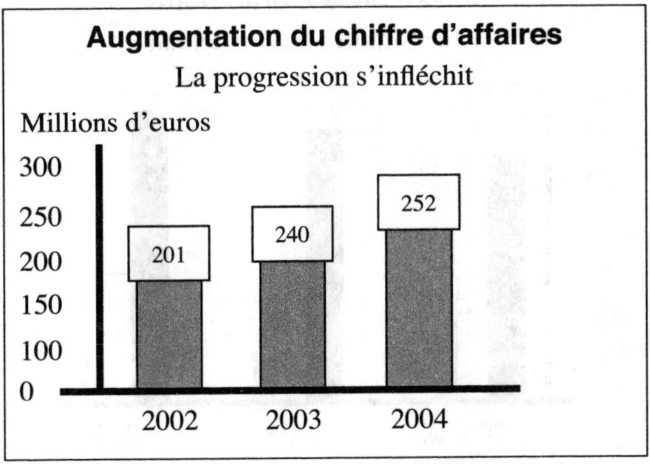

Si l'on veut privilégier l'évolution : les colonnes sont parfaites.

Titre court et sous-titre informatifs suffisent souvent.

Les colonnes simples peuvent être remplacées par des courbes.

LES HISTOGRAMMES

Les colonnes accolées

Elles permettent de mettre en valeur des items différents. Très utiles pour comparer et évaluer les parties d'un tout, pour visualiser où est la faiblesse ou la force.

L'histogramme permet de comparer plusieurs items sur les mêmes graphiques.

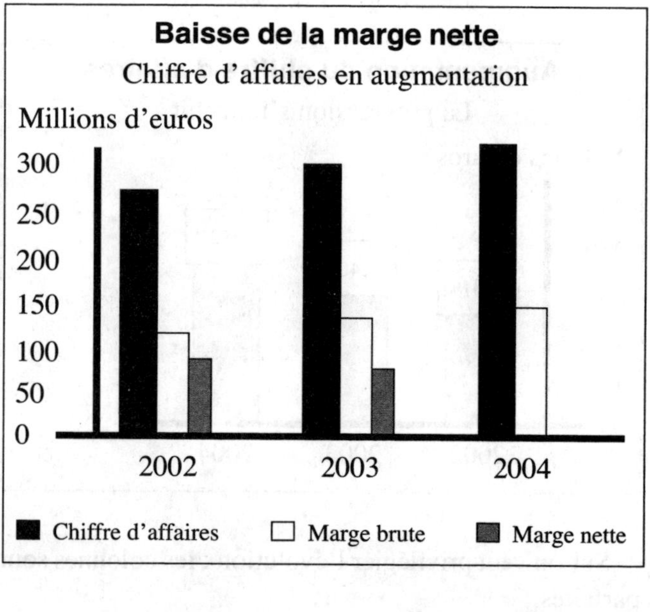

COLONNES EMPILÉES

Le tout et les parties

Les colonnes empilées sont efficaces lorsque les variables sont de même nature.

Le tout et les diverses parties qui le composent sont clairement perceptibles.

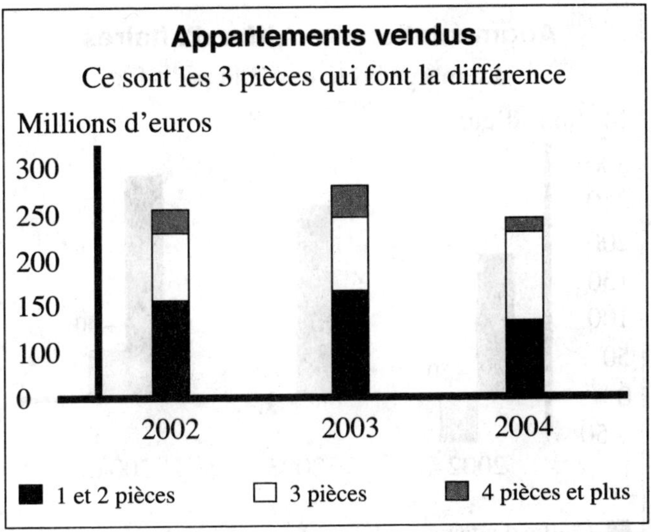

LES COLONNES NÉGATIVES

Les valeurs sous le point mort

On y pense peu souvent, mais il peut être utile de faire ressortir les valeurs négatives... C'est une manière très forte de marquer la différence quand on repasse aux valeurs positives.

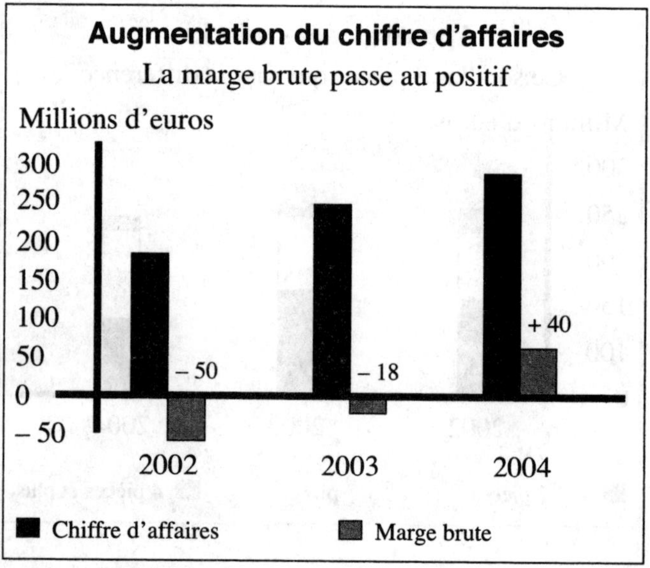

COLONNES EN 3D

Ce sont les colonnes en volume

En 3D, les colonnes sont très attrayantes surtout avec des couleurs bien distinctes. On s'y amuse souvent, c'est un danger ! Les petits volumes seront placés devant, sinon on ne peut les distinguer convenablement. La lecture est plus difficile dans le détail. Il y a ici nécessité d'écrire les valeurs de chaque masse. Évitez de mettre plus de 5 éléments en 3D sinon c'est la confusion !

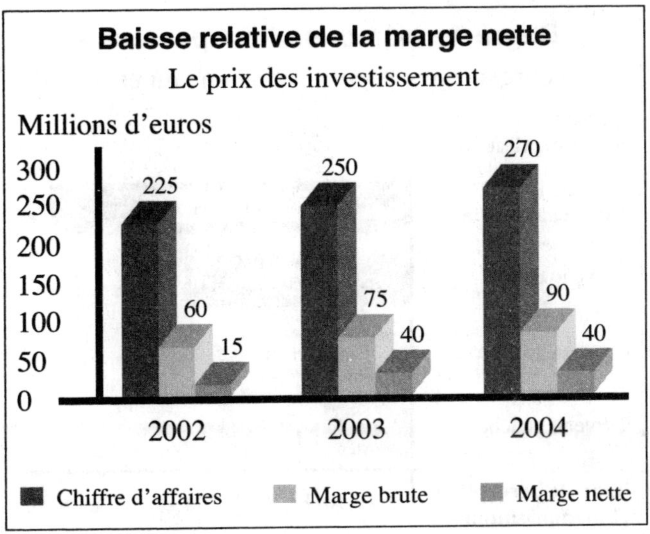

LES BARRES

Ce sont des colonnes horizontales

Elles sont utilisées quand il n'y a pas de variable « temps ».

Elles peuvent remplacer avantageusement le tableau ou l'aider visuellement.

Le sens d'écriture est cohérent avec les barres, on peut donc avoir un texte facile à lire même s'il y a un peu plus de mots.

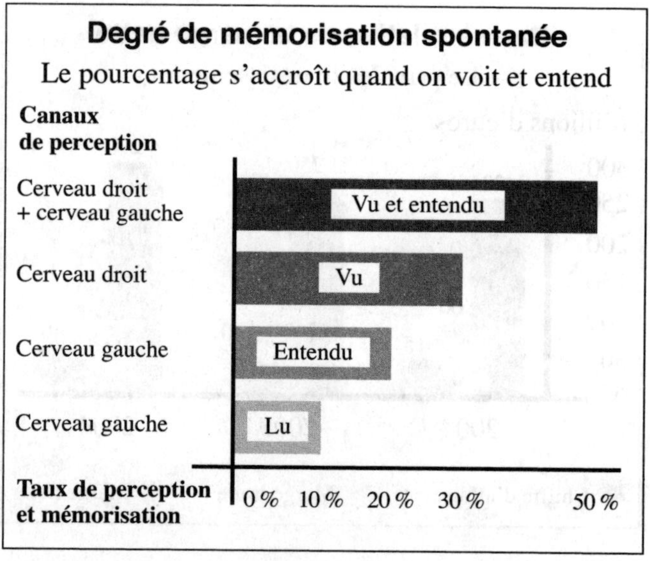

LES SECTEURS

C'est le fameux camembert ! Il est très « parlant » et ne nécessite que peu de commentaires. Facilement perçu de manière globale, il faut tout de même se méfier ! Si les dimensions des secteurs sont réduites on discerne mal les partages.

Évitez aussi de vous servir de la représentation en secteurs lorsque vous avez trop de données.

Naturellement, il faut différencier les secteurs par la couleur ou la représentation des remplissages.

La communication interactive

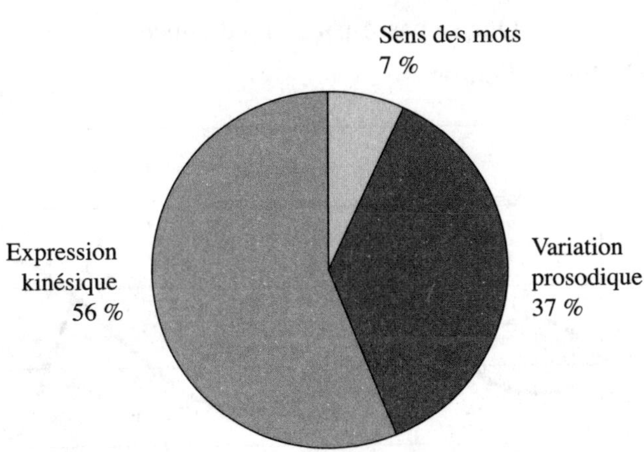

LES GRAPHIQUES

Courbes et autres représentations linéaires

Vous aurez intérêt à annoncer les graphiques que vous allez montrer. Prévenir vos collaborateurs qu'ils vont voir ceci et cela et que leur attention doit se porter plus particulièrement sur tel ou tel point.

Je vais vous montrer deux courbes : l'une, la rouge, représente notre chiffre d'affaires ; l'autre, la bleue, celle de la société « machin ». Vous serez particulièrement attentifs à ce qu'il se passe à la fin de l'année et nous en parlerons ensuite. Vous les laissez découvrir, regarder et enfin vous commentez.

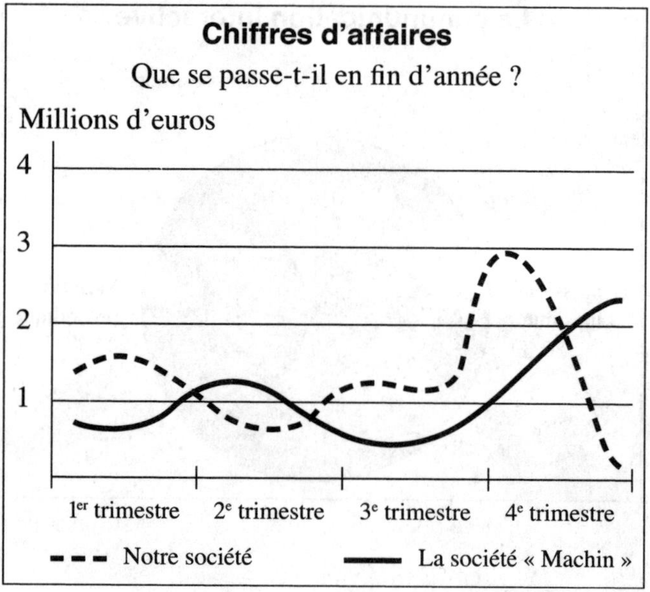

Petites devinettes

Pour des slides interactifs

1 – L'arrêté municipal

Commentaires : un arrêté municipal demande à ce que chaque agriculteur qui a des bêtes écrive sur un panneau, à la barrière du pré, le nombre de têtes qu'il a.

Justin est discipliné, il n'a que peu de moutons il écrit sur son panneau :

Commentaires : dimanche dernier il est allé au marché de Ribou-les-Oliviers, il a vendu 3 moutons. Comme il n'est pas très courageux Justin ne va faire qu'un trait d'un seul geste pour changer son panneau. Quel trait ?

---

2 – Que lisez-vous ?

Cela semble évident

(Solutions en page suivante)

Les solutions

1 – L'arrêté municipal

D'un trait sinusoïde, sans lever le pinceau, il a rajouté S (en couleur).
L'environnement crée un cadre de référence qui induit la solution !
Nous avons ici l'exemple d'un slide visuel où l'on rajoutera une couleur.

---

2 – Et là que lisez-vous ?

Le B se transforme en 13, sous l'influence de l'environnement.

L'ORGANIGRAMME DES PRINCIPAUX SLIDES

Convaincre avec des slides adaptés

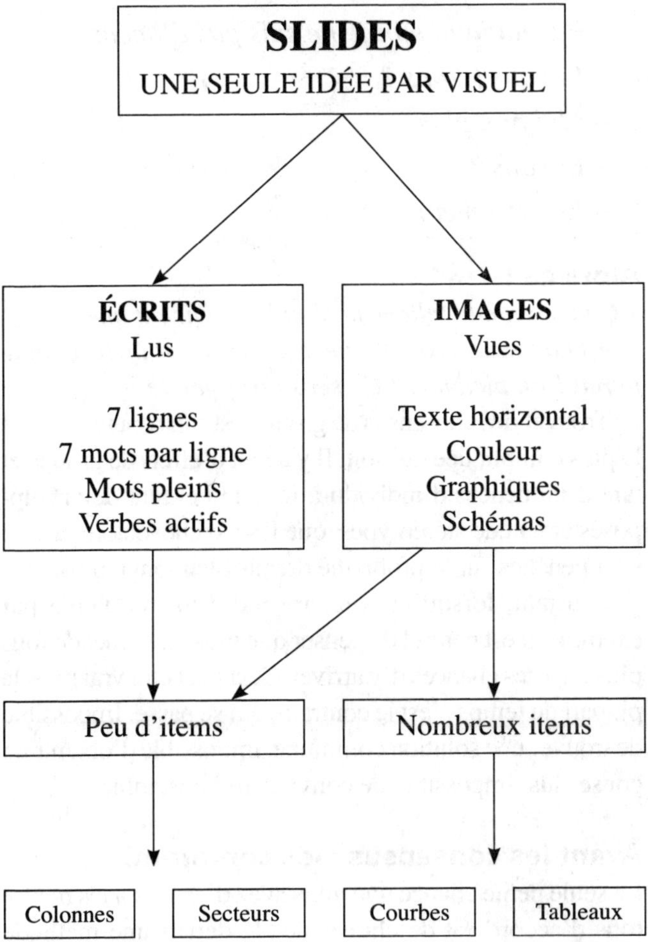

OBTENIR DES CONSENSUS DE GROUPE

« Après cet exposé, je crois que nous sommes tous d'accord !

– Pas du tout, moi je ne suis pas d'accord.

– Et vous là-bas ?

– Moi non plus.

– Et vous ?

– Pas vraiment. »

Alors ça !

« Ça me semble tellement simple et évident que… »

« Que vous croyez que c'est pour tout le monde pareil ! Eh bien non ! Ce serait trop facile. »

Trouver des consensus de groupe est sans doute la chose la plus compliquée qui soit. Il y a tant d'effets de groupe et tant d'influences d'individu à individu et tant de présupposés et tant de stéréotypes, que les psychosociologues se sont penchés sur le problème depuis bien longtemps.

Pourtant, lorsqu'on veut résoudre un problème par exemple, il est naturel de penser que plus on se met de fous plus on a des chances d'y arriver. Cela peut être vrai mais la plupart du temps c'est le contraire qui se passe. Impossible de trouver une solution commune, impossible d'obtenir un consensus. Impossible de convaincre l'ensemble.

Avant les consensus : les compromis

La seule petite chance que vous avez d'arriver à les mettre tous d'accord est de choisir dès le départ une méthode commune. Cela signifie qu'il faudra décider ensemble des critères de résolution. Si ces critères n'existent pas, il n'y a aucune raison pour que l'unanimité se fasse sur la solution.

Chacun de nous est prêt à faire des compromis tant qu'il ne s'est pas trop investi. Après ce sera trop tard ! Pour rester cohérent avec soi-même on en démordra difficilement.

Le petit exercice qui suit est très connu des initiés mais il est si révélateur qu'on ne peut passer outre. Il s'agit d'un exercice de type NASA où l'on a un problème à résoudre en commun sans qu'un chef puisse imposer son opinion ou ses choix.

Testez-vous

Exercice « NASA »

Les données du problème

Vous êtes membre d'un vaisseau spatial qui doit normalement effectuer un rendez-vous avec un autre vaisseau sur la surface éclairée de la lune. En raison de difficultés mécaniques, votre vaisseau a été obligé d'alunir à environ 150 kilomètres du point de rendez-vous. Au cours de la phase de pré-entrée et d'alunissage, la plupart de vos équipements de bord ont été endommagés et, puisque votre survie dépend de la possibilité d'atteindre l'autre vaisseau, vous

→

devez choisir les objets disponibles les plus utiles pour effectuer le parcours de 150 kilomètres. Vous trouverez ci-dessous une liste de quinze objets restés intacts après l'alunissage.

L'objectif

Votre tâche est de les classer en fonction de leur importance pour vous permettre d'atteindre le point de rendez-vous.

Donnez le n° 1 à l'objet le plus important, le n° 2 au deuxième le plus important et ainsi de suite jusqu'au n° 15, le moins important.

- ✦ Une boîte d'allumettes
- ✦ De la nourriture concentrée
- ✦ 15 mètres de corde de nylon
- ✦ Un parachute de soie
- ✦ Un appareil de chauffage portatif
- ✦ Deux revolvers calibre 45
- ✦ Une caisse de lait en poudre
- ✦ Deux bouteilles d'oxygène de 50 litres
- ✦ Une carte stellaire (constellation de la lune)
- ✦ Un canot de sauvetage
- ✦ Un compas magnétique
- ✦ 20 litres d'eau
- ✦ Des fusées éclairantes
- ✦ Une trousse de première urgence avec des aiguilles à injection
- ✦ Un poste récepteur émetteur FM à piles solaires

Les consignes

Il y aura deux phases de mise en œuvre pendant l'exercice.

1. La phase individuelle

Dans un premier temps (10 minutes maxi) *les participants travaillent seuls* et donc établissent leur classement personnel.

Pendant cette phase individuelle, les questions à haute voix sont interdites mais chacun peut poser au « spécialiste » des questions pour obtenir des informations de façon confidentielle.

Faites vous-même cette phase-là en faisant votre propre liste.

2. La phase en groupe

On demande un volontaire pour diriger la réunion.

Ensuite, les participants doivent, sous sa conduite, en une demi-heure, se mettre d'accord sur un classement unique.

On les informe aussi qu'il existe une liste type établie par la NASA.

Ils doivent donc, non seulement se mettre d'accord sur une liste commune, mais aussi essayer d'avoir la liste la plus proche possible de la liste type.

30 minutes c'est impossible quand 5 minutes suffisent !

Pour parvenir à une liste commune, la demi-heure ne suffit généralement pas et l'on voit neuf fois sur

dix les participants accepter n'importe quoi pour entrer dans les temps.

Qu'ont-ils fait ? Ils ont d'abord réalisé leur liste personnelle et se sont donc déjà fait piéger. Pourquoi ? Ils ont passé une bonne dizaine de minutes à classer les objets selon leur point de vue, ils vont commencer la discussion commune avec chacun sa solution. Difficile d'en sortir puisque c'est la leur ! Il va y avoir ce que l'on appelle un effet de gel. Figés sur leurs positions !

C'est une situation qu'on retrouve très souvent lorsque l'on veut débattre à plusieurs d'un problème. Les participants arrivent avec leurs idées bien ancrées.

POUR UN CONSENSUS RAPIDE : LA MÉTHODE ANALYTIQUE

Cette résolution de problème peut être bouclée en cinq minutes avec un vrai consensus ; pour peu que l'on utilise la bonne méthode.

S.P.A.S.A.

Situation : lever d'abord les ambiguïtés. Il faut savoir perdre un peu de temps pour en gagner beaucoup. Si les informations ne sont pas complètes et les mêmes pour tout le monde, on en arrive à faire des réunions où il est impossible de trouver un accord. Par exemple sur cet exercice, les participants ont la possibilité de demander individuellement des infos, certains le font et les gardent pour eux, les autres acceptent de parler dans le flou des connaissances qu'ils n'ont pas. Ici par exemple :

- ✦ le compas ne marche pas, le champ magnétique de la lune n'est pas polarisé ;
- ✦ on est bien sur la surface éclairée ;
- ✦ la radio marche mais à faible distance (car FM + RELIEF) ;
- ✦ relief lunaire accidenté (crevasses…) ;
- ✦ il y a sur les combinaisons spatiales des points prévus pour les injections (piqûres) ;
- ✦ les fusées éclairantes sont à combustion interne (elles fonctionnent sur la lune).

Poser le problème : **une définition commune du problème**.

Même lorsque l'on a l'impression que le problème est simple, chacun le comprend à sa façon. Il faut toujours se mettre d'accord sur cette définition du problème.

Ici, par exemple, il ne s'agit pas de réparer ou d'attendre des secours ou quoi que ce soit d'autre, mais d'effectuer un parcours de 150 km.

Analyse du problème : **le choix des critères ?**

L'analyse des problèmes doit s'appuyer sur des critères clairs. Sinon comment analyser un problème si l'on ne sait pas sous quel angle de vue ?

Ici les critères sont simples. Il faut :

- ✦ survivre,
- ✦ s'orienter,
- ✦ se déplacer.

→

Liste type du
National Aeronautics Space Administration

Solution : la hiérarchisation. Par rapport à ces critères, quels sont les objets indispensables, nécessaires, utiles, inutiles.

1. Oxygène 2. Eau 3. Carte	Indispensables
4. Nourriture 5. Radis 6. Corde	Nécessaires
7. Trousse d'urgence 8. Parachute 9. Canot de sauvetage 10. Fusées 11. Revolvers 12. Lait	Utiles
13. Chauffage 14. Compas 15. Allumettes	Inutiles

Action : on y va !!!

Petite remarque de créativité : la NASA considère le revolver comme utile parce que, la pesanteur étant faible sur la lune, en tirant un coup de feu la rétroaction peut permettre de franchir un obstacle.

Une méthode analytique efficace

Si l'on pratique avec une telle démarche, on arrive à la solution en un temps record, les petites différences avec la liste-type de la NASA sont minimes et les scores très bons avec un réel consensus.

Votre score

Comparez votre liste avec la liste-type.
Les points d'erreur sont en valeur absolue entre le classement NASA et vos propres classements (sans tenir compte des chiffres + ou -). Vous avez mis un objet en n° 7 et la NASA en 4, différence 3 points, si vous avez mis un objet en 4 et la NASA en 7, différence 3 points aussi. Vous ajoutez ces points de différence et obtenez un score que vous comparez.

RÉSULTATS

Si vous avez :

0-25	Logique rationnelle, survie assurée.
26-32	Vous risquez certains déboires.
33-45	Vous aurez des difficultés à vous en sortir.
46-55	C'est la chance et non votre maîtrise qui vous sauvera.
56-70	Peu de chances.
71-112	Il vaut mieux ne pas partir.

Pour obtenir un consensus

Une méthode SPASA

Situation **P**roblème **A**nalyse **S**olutions **A**ction

7

La dialectique de combat

« Maintenant à nous deux ! »

MESSIEURS, ÊTES-VOUS PRÊTS ?

« Qui êtes-vous ?

– Je suis un bretteur sans vergogne.

– Et qu'êtes-vous venu chercher ici ?

– Convaincre et persuader.

– Vous y êtes-vous préparé ?

– J'ai appris les moyens et les méthodes.

– Et que voulez-vous de plus ?

– Gagner mes duels oratoires.

– Alors en garde ! »

La sympathie du chapitre 1

Se montrer sympathique (page 13)

Attention souvenez-vous de ce que nous avons dit sur la première impression : passer sympathique, à plus forte raison si vous avez des témoins de votre rencontre verbale. Mettez les observateurs dès que possible de votre côté, ils seront vos supporteurs parfois à leur corps défendant.

Courtoisie et politesse sans excès, le plus détendu possible sans être dilettante. Vous devez donner l'impression d'une clarté et d'une sincérité indestructibles.

L'œil qui écoute du chapitre 2

Écoutez ses gestes (page 31)

Dans ce genre de rencontre contradictoire on est tellement sur ses gardes qu'on oublie de s'occuper de l'autre, tout relié qu'on est sur nous-mêmes. Occupez-vous de lui, observez-le pour mieux le comprendre. Quels gestes fait-il ? Quelle attitude perce sous son comportement ? Plus vous serez à l'écoute de son non-verbal moins vous serez à l'écoute de votre trouble ou de votre émotion. C'est ici que vous allez récolter des informations très utiles sur la manière d'entamer le débat ou de le laisser parler en premier.

Observez nos hommes politiques au début d'un débat vous verrez à leur comportement s'ils sont prêts à se défendre ou à attaquer, s'ils craignent leur interlocuteur ou pas. Le comportement des premières minutes induit souvent l'ensemble de la rencontre.

Les deux paires d'oreilles ouvertes du chapitre 3

Se faire bien comprendre (page 61)

C'est le moment de mettre en pratique votre superbe double écoute du chapitre II, qu'est-ce qu'il dit, qu'est-ce que j'entends là-dessous ? Les autres l'entendent aussi, attention. Il dit quoi en réalité ? À quel niveau dois-je lui répondre ? Je suis très centré sur lui, c'est de lui que je puiserai ma force de conviction c'est en s'appuyant sur son type de raisonnement que je répondrai.

L'argumentation bien préparée du chapitre 4

Argumenter pour avoir raison (page 109)

Point n'est besoin d'entamer un débat si vous le jugez perdu d'avance. Votre contradicteur le sentira tout de suite et sans user de passes à la grande cape, vous plantera sans attendre ses banderilles. Il peut même essayer de vous adresser tout de suite un coup mortel, de ces coups qui en début de rencontre vont être irrécupérables. Vous serez d'autant plus sûr de vous que vous aurez bien préparé cette rencontre que vous savez par avance contradictoire. Vous aurez construit quelques formules fortes, quelques phrases omnibus (passe-partout), quelques exemples et faits significatifs de votre argumentation. Vous savez à qui vous avez affaire, vous vous êtes intéressé à sa dialectique, à ses comportements pour mieux les prévoir et ne pas être pris par surprise.

Vous êtes (et vous vous sentez) prêt.

AVANT DE CROISER LE FER

Le choix des armes : rhétorique ou dialectique ?

Puisque vous en avez les moyens et les méthodes, il ne vous reste plus que le choix des armes et l'apprentissage de leur maniement pour sortir vainqueur de vos joutes oratoires ? Ces armes sont la dialectique et la rhétorique.

La différence n'est sans doute pas facile à cerner puisque chaque spécialiste y va de sa définition. Pour faire simple nous dirons que la dialectique est l'art de convaincre (faire partager ses convictions) et la rhétorique l'art de persuader (imposer un point de vue).

On peut, nous l'avons vu jusqu'ici, convaincre quelqu'un du bien-fondé de notre opinion, il suffit souvent d'un bon raisonnement, d'une bonne manière de le présenter, d'un choix d'arguments efficaces, parfois d'un simple slide. Mais qu'en est-il lorsque notre interlocuteur campe sur des idées opposées ? Quels moyens pour répondre coup pour coup à l'agressivité d'un débatteur ? Quelles attitudes et quels comportements avoir face à la mauvaise foi d'un interlocuteur ? Le raisonnement, la logique, l'analyse ne suffisent plus, l'objectif est alors : marquer des points, battre son adversaire, en un mot, ne pas perdre la face.

Deux dialectiques pour un seul homme

Le sens commun veut que dans le mot dialectique il y ait la notion d'échange, de dialogue en quelque sorte (*Dia* = échange ; *Logos* = par le verbe). Ce n'est pas tout à fait exact en tout cas ce n'est pas suffisant.

S'il y a bien dualité, elle se situe plus au niveau du contenu. L'un dit blanc, l'autre dit noir. Tout est alors binaire. J'ai raison et tu as tort. Nous sommes dans la lignée de la dialectique d'Aristote et des Grecs anciens en passant par « l'art d'accoucher les esprits », la maïeutique de Socrate racontée par Platon. C'est aussi la logique de Descartes : Analyse-Synthèse.

Et puis il y a l'autre, la « nouvelle dialectique » celle d'Hegel qui peut se résumer par la prise en compte d'un facteur nouveau : l'antithèse. Le schéma Analyse-Synthèse devient Thèse-Antithèse-Synthèse.

Étonnamment, cette approche coopérative, où l'on prend en compte le revers de la médaille, va devenir la source de manipulations de toutes sortes. La dialectique d'Hegel fera naître des enfants dictateurs et des états totalitaires. L'outil est détourné. Comme tout outil, il dépend de celui qui s'en sert.

La réalité de cette dialectique est tout autre puisqu'il s'agit de dire que rien n'est tout noir ou tout blanc. De la thèse et de l'antithèse peuvent naître des solutions par leur synthèse. Cette dialectique-là est à recommander pour toute prise de décision qui se veut collégiale, elle sera aussi très efficace dans la recherche de consensus comme dans toute négociation.

Une logique de contradiction

C'est à la logique des raisonnements binaires que nous nous attacherons car c'est bien à cette confrontation du « pour » et du « contre » que nous avons affaire dans nos joutes oratoires. Nous en avons déjà parlé dans les chapitres raisonnements et argumentations (syllogisme et sophisme). Ce n'est plus suffisant dans un débat ou un duel dialectique. On entre ici dans une logique de contradiction où tous les coups sont permis.

Et pour avoir raison, ce n'est pas piqué des hannetons !

Testez-vous

Pour ou contre

Qui d'entre nous ne s'est pas amusé à tenir une argumentation et, dans la minute qui suit, l'argumentation contraire ? Entraînez-vous à ce petit jeu-là, vous fourbirez ainsi vos armes pour répondre à vos contradicteurs.

Prenez les thèmes polémiques suivants et trouvez une argumentation « pour », puis une argumentation « contre ».

- la peine de mort
- la chasse
- le nucléaire
- les femmes en politique
- l'I.V.G.
- le service militaire obligatoire
- la dépénalisation de la drogue
- la mondialisation
- les 35 heures par semaine
- la vivisection

- l'insémination artificielle
- l'immigration
- la censure
- les voyages organisés

Et la rhétorique alors ?

Là encore, le flou historique de la rhétorique et de son utilisation prête à confusion. « C'est un rhéteur » est devenu synonyme de « c'est un emmerdeur ».

Les sophistes avaient coutume de dire : *« Avec la rhétorique tu persuaderas qui tu voudras ! »* Il ne s'agit plus de convaincre de ce que l'on pense vrai ou bien, mais de manipuler l'autre par des figures bien utilisées. Vous démontrerez aujourd'hui que c'est noir et demain que c'est blanc. Si l'on considère cette gymnastique de l'esprit comme un entraînement de l'esprit pourquoi pas ? Vous jugerez très vite de son efficacité.

Passer du coq à l'âne ou clouer le bec de vos adversaires ?

La rhétorique va servir la dialectique par l'utilisation de ses figures. Ces figures sont codées, reproductibles et donc enseignables. Vous pouvez les apprendre. Quand vous connaîtrez les plus mordantes, vous aurez des schémas qui vous permettront de vous adapter à toutes les circonstances et à tout environnement.

La panoplie des armes rhétoriques se scinde en 4 types de figures : les figures de mots, les figures de sens, les figures de construction et les figures de pensée. Nous y reviendrons en temps voulu pour acquérir la pratique des plus essentielles.

Déjà vous entrevoyez la force que ces figures peuvent vous donner si je vous dis qu'elles répondent à deux principes majeurs.

Le principe de transfert : ce principe-là vous permettra de passer du coq à l'âne en déstabilisant votre adversaire.

Le principe de fermeture : ce principe vous permettra de clouer le bec de vos adversaires.

La dialectique repose sur des principes et des tactiques.
La rhétorique s'appuie sur des figures et des procédés.

AVANT D'ENGAGER LE FER

3 principes fondamentaux

Fini la bonne foi, fini l'honnêteté intellectuelle, fini l'échange et la complémentarité. Ici nous sommes dans une situation conflictuelle. Parfois c'est à fleuret moucheté que l'on va toucher l'autre, quelquefois c'est au fil de l'épée que se gagne le combat, plus souvent encore c'est au sabre que se tranchent les opinions... Mais toujours, quelle que soit la manière, il s'agit d'un duel dont il faut sortir vainqueur, vainqueur pour soutenir ses idées, vainqueur pour ne pas perdre la face, vainqueur parce que l'on veut prouver que l'autre a tort. Comme tout duel, la confrontation orale repose sur des principes d'attaques, de parades, de ripostes, d'esquives, de contre-attaques et de bottes secrètes...

Principe n° 1 : attaquer par la bande !

Lors de vos échanges verbaux le perdant sera sans doute celui qui attaquera de front. Deux raisons à son échec : d'une part, il va devenir agressif et perdra sans doute la mesure nécessaire à la conviction tranquille et, d'autre part, il risque de faire passer son interlocuteur pour une victime et les gens aiment les victimes, pas leurs agresseurs, même si l'agresseur à raison.

En jouant par la bande, deux effets viendront vous aider à prendre le dessus, deux principes qu'il faut toujours avoir en tête quand on débat avec quelqu'un : surprendre et étonner.

Nous ne sommes plus dans le raisonnement logique et la belle argumentation policée, nous sommes dans un combat de mots où, bien souvent, le vainqueur aura joué sur la surprise, l'inattendu, pour déstabiliser l'autre.

Pour atteindre l'autre par ricochets, vous aurez à votre disposition des figures de rhétorique très efficaces, il vous suffira de les utiliser au bon moment.

Principe n° 1 : attaquer par la bande

Les figures de rhétorique qui vous y aideront :

La prétérition : elle consiste à dire « je ne vous dirai pas » et à le dire. « Je ne vous rappellerai pas que dans les années quatre-vingt vous étiez contre l'Europe et que vous aviez dit à ce sujet… »

L'analogie : l'analogie peut vous servir à entraîner l'autre vers une voie imprévue. ➜

- « Marianne, vous êtes comme ces roses du Bengale… » (cela pourrait être un compliment) mais il rajoute « sans épine et sans parfum ! »
- « Vous parlez comme un livre que vous n'avez pas lu. »
- « On a trop pressé le citron il est temps de sauver l'écorce. »
- « Vous êtes tout le contraire d'un escargot, dès qu'il pleut vous vous mettez à l'abri. »

Le paradoxe : il va souvent déstabiliser votre adversaire parce que le sens n'est pas toujours évident à la première écoute.

- « Vous courez derrière la bêtise et c'est elle qui vous rattrape ! »
- « Elle est en retard donc elle viendra ! »
- « Vous êtes un monument vide et sonore. »
- « Vous êtes tellement persuadé d'avoir raison que cela vous fait du tort. »

Les formules : d'une manière générale, faire appel au bon sens commun en utilisant des proverbes et des dictons est toujours efficace. Ce sont des formules généralistes qui passent partout et donnent une impression d'argument d'autorité.
« Laissez le temps au temps », « Chacun voit midi à sa porte », « Écoutez ! Chacun son métier et les vaches seront bien gardées ».

La citation : s'appuyer sur ce qu'a dit quelqu'un de connu vous permet d'attaquer par ricochets.

- « Tout cela n'est que de la théorie et, comme disait Régis Debray : "Entre une théorie sans jambe et une pratique sans tête il n'y aura jamais à choisir !" »
- « Vous devriez faire vôtres, ces mots de Voltaire : "Préservez-moi de mes amis." »

Principe n° 2 : ne jamais paraître déstabilisé

Pour y parvenir, il faudra que vous ne donniez jamais l'impression d'être visé personnellement. Le sourire, s'il n'est pas figé, est une arme de parade redoutable, l'humour aussi, à condition de ne pas en abuser.

Il faudra jouer les contrepoints, l'ironie.

Vous emploierez les effets boomerang (retour à l'envoyeur) : le chiasme (inverser les termes), la question faussement naïve (*« Ah bon ? »*, *« Non, c'est pas vrai ? »*). Le calembour sert aussi à la parade, comme la litote…

Principe n° 2 : ne jamais paraître déstabilisé

Les figures de rhétorique qui vous y aideront :

Humour et détente dans le non-dit : le sourire émis ou provoqué est une parade essentielle dans vos prises de bec. Rien de plus énervant que cette façon de dire que cela vous amuse alors que l'on pense vous blesser.
Mitterrand à Chirac avec un large sourire : « Vous ne venez pas de faire appel à certains, là… (les électeurs de Le Pen) ? »

L'onomatopée : les « Ah bon ? » « Tiens ! tiens ! » « Hum ! hum ! » en jouant les contrepoints laissent entendre que vous trouvez le jeu amusant et sous-entend que là-dessous il y a autre chose dont vous n'êtes pas dupe.

Le chiasme : c'est une figure étonnante et qui marche très souvent. Il suffit d'intervertir les termes que l'autre vient d'utiliser pour reprendre la main.
« Nous avons pris le parti de… » « Vous avez des partis pris ! Nous le savons ! »
« Le pire en politique… » « C'est la politique du pire ! »
« C'est un auteur dramatique. » « Ce qui est dramatique c'est qu'on le dise auteur. »
« Nous ne sommes pas d'accord sur tout ! » « Nous ne sommes pas du tout d'accord vous voulez dire ! »

Le calembour : c'est une figure de rhétorique qui se sert de l'homonymie de deux mots.

« Je vous écris sans faute demain » « Écrivez donc comme d'habitude ! » (Sacha Guitry)
« Les miroirs feraient mieux de réfléchir avant de nous renvoyer notre image ! » « Je préfère l'assaut des pique-assiette que les assiettes de Picasso. » (Jean Cocteau)

Principe n° 3 : identifier le procédé, dénoncer, contre-attaquer

Vous voyez venir le coup, vous comprenez le non-dit, on veut vous faire jouer un rôle qui n'est pas celui que vous souhaitez. C'est en dénonçant la manœuvre que vous pourrez convaincre ensuite. Vous signalerez les contradictions, vous créerez le doute.

C'est en mettant au grand jour le jeu de vos adversaires que vous les mettrez hors jeu. Il y a des figures de rhétorique pour parvenir à cela, l'allégorie, la réticence, l'inversion, l'amalgame, la stratégie pré-close…

Principe n° 3 : identifier, dénoncer, contre-attaquer

Quelques figures de rhétorique qui vous aideront :

L'allégorie : elle doit pouvoir se lire sous deux sens différents. C'est généralement le sens caché qui sera porteur de la riposte.
Attaque : « Sur ce point nous avons réussi là ou vous avez échoué… »
Riposte : « Une hirondelle ne fait pas le printemps ! Et votre hirondelle bat déjà de l'aile. » →

Attaque : « Vous colportez une fausse rumeur ! »
Riposte : « Il n'y a pas de fumée sans feu ! »

L'amalgame : en rapprochant plusieurs termes on obtient un effet surprenant.
« Nous le ferons savoir, nom d'un chien ! » « C'est vrai que vous aboyez beaucoup pour rien. »
« Vous nous dites carrément que ça ne tourne pas rond. »
« Votre bras droit est gaucher, ça ne met pas en confiance ! »

La réticence : elle consiste à commencer une phrase sans la finir, elle provoque donc le doute qui sera, nous le verrons, une arme redoutable dans certaines circonstances qui…
« J'ai toujours été clair dans mes attitudes, tout le monde ne peut pas en dire autant… »
« On vous voit venir avec vos sabots tout crottés. Je ne vous conseille pas d'emmener la discussion sur ce plan-là parce que… À votre place, je me ferais discret ! »
Attaque : « Et dans cette affaire… Vous et vos amis… Je me comprends ! »
Riposte : « Vous êtes bien le seul ! »

TACTIQUES ET STRATÉGIES GAGNANTES

L'ordre social : qui suis-je ? Et qui êtes-vous ?

Votre premier devoir est de vous faire connaître selon l'angle de vue que vous souhaitez pour valider vos capacités à parler de ceci ou de cela.

Vous allez débattre d'un sujet, vous entrez dans une conversation à controverses, vous allez devoir émettre des opinions, les vôtres, pourquoi vous écouter, pourquoi vous croire ? Pourquoi avez-vous ce crédit qui vous permet de parler de… A priori ? Il faut dès le départ de votre conversation trouver le moyen de crédibiliser votre présence, de valider ce que vous allez dire, surtout si vous avez d'autres personnes présentes qui, en quelque sorte, peuvent servir d'arbitre. Ne laissez pas ce soin à l'autre, il va vous placer où il veut !

C'est peut-être votre histoire, votre passé qui validera vos dires. C'est sans doute aussi votre expérience, votre statut qui vous autorisent à avoir des avis solides. Ne laissez pas passer ces minutes si précieuses du début d'une confrontation sans dire qui vous êtes.

Les rôles techniques qui vous crédibilisent

La fonction : votre statut peut justifier de votre présence, il vous autorise et même parfois vous contraint à parler de… Ou de soutenir ce point de vue. Bien sûr cela peut faire pencher la balance : *« Avec la position qu'il a, il doit être au courant ! »*

La compétence : c'est la seule autorité réelle. L'autorité de compétence n'a rien à voir avec la hiérarchie ou le poste occupé. On sait, on connaît votre connaissance du sujet, vous avez déjà vos lettres de noblesse. On est prêt à vous croire.

Les rôles qu'il faut dénoncer

Abus de pouvoir : il utilise sa fonction, son statut pour s'octroyer des droits. Il parle au nom des autres.

Transfert de compétence : il s'autorise à parler de choses qui ne sont pas de son ressort.

Je ne suis pas celui que tu veux que je sois !
Mettre en avant sa crédibilité

« J'ai vécu plus de dix ans dans cette région, je peux donc en parler en toute connaissance de cause... »
« Voilà cinq ans, j'écrivais déjà... »
« Mon métier de médecin me permet de dire que... »
« Si j'affirme cela, c'est parce que j'ai... »

Attention ! On voudra nécessairement vous faire jouer un rôle qui n'est pas le vôtre ou que vous ne souhaitez pas jouer. Ne vous laissez pas mettre cette étiquette que votre débatteur souhaite vous coller au front.

Attributions directes :
« Vous qui êtes de droite... » « C'est une maladie ? »

Attributions indirectes :
« Je sais quelles sont vos idées sur ce point » « Vous lisez dans les cartes ou le marc de café ? »

La rupture de l'ordre social

C'est en cassant le langage, les bonnes manières, en passant d'un champ à un autre que vous déstabiliserez votre adversaire.

Souvenez-vous de la rencontre Tapie-Le Pen à la télé. La dialectique de Le Pen dans ses bonnes années était redoutable. Faits d'analogie, d'images fortes et de provocations, ses raisonnements à stratégies précloses consistaient à utiliser des arguments simplistes : *« Je ne suis pas raciste ! La preuve, j'ai un fidèle serviteur noir ! »* Bernard Tapie avait coupé net avec l'échange social habituel et politiquement correct au cours de la confrontation en disant : *« Écoutez, c'est simple, on sort tous les deux et je vous casse la gueule ! »* Jamais Le Pen n'a été aussi déstabilisé ! Impossible d'en rajouter une.

Lors d'une autre émission publique Le Pen dit : *« Et si un jour nous sommes au pouvoir… »*

Monsieur Lajoinie, représentant le Parti Communiste, laisse échapper : *« Dieu nous en garde ! »*

« Vous croyez en Dieu Lajoinie ? Moi qui pensais que le marxisme était profondément athée ! Mesdames et Messieurs, nous venons d'assister à un miracle, Monsieur Lajoinie croit en Dieu ! »

La rupture de l'ordre social est consommée. Monsieur Lajoinie ne peut que faire une grimace et un geste d'impuissance de la main.

Faites jouer à votre adversaire le rôle qu'il ne souhaite pas !

Faites-lui subir un régime grossissant !

Un effet de loupe. Sortez un mot parasite échappé de la bouche de votre interlocuteur et mettez-le en évidence. C'est un piège, des plus mesquins, mais d'une efficacité rare, surtout utilisé en contrepoint car il déstabilise fortement comme une prise en flagrant délit.

Par pur réflexe de politesse, votre interlocuteur a dit : *« Je crois que la politique du gouvernement est mauvaise »* alors qu'il en est persuadé. Effet de loupe sur *« Je crois ! » « Ah ! Vous croyez ! Vous n'êtes donc pas sûr ? »*

« Je ne suis pas un spécialiste mais je pense... » (théorie des rôles).

Effet de loupe sur *« je ne suis pas un spécialiste »*.

« Vous dites vous-même que vous n'êtes pas un spécialiste, cela donne à vos arguments une fragilité que vous reconnaissez donc vous-même. »

Une bonne stratégie de parade

IDENTIFIER LE PROCÉDÉ : *PRENDRE DU RECUL*
Écoute du verbal et du non-verbal.
Notez les distorsions de mots et de sens.
N'acceptez pas les analogies faciles.
Méfiez-vous des généralisations.
Jouez des contrepoints.

DÉNONCER : *REFORMULER À SON AVANTAGE*
S'en amuser.
Relevez la contradiction.
Faites savoir que vous n'êtes pas dupe : minimisez.

Recadrez les points périphériques qui vous emmènent loin.
Revenez à l'essentiel.
Reformulez à votre avantage.
Amplifiez.

CONTRE-ARGUMENTER : *REPRENDRE LE POUVOIR*
Argumentez par les faits.
Synthétisez.
Renversez les preuves.
Utilisez les contre-analogies toujours possibles.
Usez des syllogismes.
Déstabilisez.

Les mots à surveiller. Je crois, peut-être, quand même, on pourrait dire, un petit peu… minimisent sans le vouloir les propos de votre adversaire, appuyez-vous sur eux pour rebondir.

En revanche, si l'on vous fait cette même remarque vous vous appuierez sur une formule du style :

« J'ai appris à ne pas imposer mes opinions comme des vérités, c'est une question de politesse et de savoir-vivre. Deux qualités que vous ignorez ! »

« Seuls les imbéciles sont sûrs de tout. »

« Vous êtes sûr ? »

Quand votre interlocuteur utilise les mots :

« Donc… » « Par conséquent… » « C'est pourquoi… » « Alors… » « Il est évident que… »

→

« C'est la raison pour laquelle... » « Dans ces conditions » « À propos... » Il va peut-être faire un saut dans le vide...
Méfiez-vous !

La gradation. Une suite de mots, d'adjectifs ou d'adverbes qui vont crescendo est d'un effet redoutable.

« Vous risquez un rhume, une bronchite, une broncho-pneumonie... et hop ! »

« C'est un roc, c'est un pic, c'est un cap, que dis-je c'est un cap, c'est une péninsule ! »

Allez au bout du bout

Pousser l'argument de l'autre jusqu'à le rendre ridicule. Ce procédé marche toujours puisque, à l'extrême, tout argument devient ridicule.

« Créer des avions gros-porteurs c'est le meilleur moyen d'avoir des centaines de morts. »

« Vous avez raison, on devrait transporter les passagers un par un ! »

« Vous savez que ce n'est pas bien d'écouter aux portes ! »

« Écouter ? C'est pourtant ce qu'il y a de mieux pour bien entendre ! »

L'hyperbole. Elle amplifie, exagère, généralise et va même jusqu'à caricaturer, qu'importe ! Si elle crée du sourire tant mieux, en tout cas elle frappe si fort qu'on a du mal à dire autre chose que *« vous exagérez »*. Mais exagérer c'est donc affirmer que la chose existe.

« Mon nez qui d'un quart d'heure en tout lieu me précède. » (Cyrano de Bergerac)

« C'est la mer rouge quand il saigne ! » (Cyrano de Bergerac)

Dramatisez ! Jouez les désolés, les froissés, les humiliés, les attristés les offensés…

« Comment pouvez-vous dire cela ! »

« Comment osez-vous ? »

« Est-il possible que… »

« Vous rendez-vous compte de ce que vous venez de dire ? »

« Ce que vous dites là me laisse présager le pire ! »

GROSSIR

AUGMENTER

AMPLIFIER

EXAGÉRER

METTEZ-LE AU RÉGIME AMAIGRISSANT !

La dégradation. En allant de ce qui vous est dit vers l'infiniment petit, vous ridiculisez l'argument, vous le rendez mesquin et sans intérêt c'est une bonne manière de reprendre le dessus.

« C'est un argument petit, tout petit, minuscule, microscopique… »

« Ce que vous venez de dire est tellement éphémère que je ne m'y arrêterai pas, je préfère revenir à l'essentiel… »

Du simple au simpliste

Simplifiez l'argument opposé en le rendant simpliste.

« Pour réduire le nombre de chômeurs, nous devons nous attacher aux créations de nouveaux emplois. »

« C'est cela ! Vous nous dites que s'il y avait du travail pour tous il y aurait moins de chômeurs. Bravo ! »

Jouez l'inconsistance de l'argument

« Voilà un joli rêve de poète ! »

« Vous devriez vous lancer dans l'astrologie. »

« Cela ne veut pas dire grand-chose, mais vous le dites bien ! »

« Et si on revenait à des choses sérieuses. »

« Votre démonstration ferait une entrée de cirque remarquable. »

La litote. Cette figure de rhétorique fait partie de notre vie de tous les jours et permet de présenter les choses avec moins de force et de violence.

« Il a un petit penchant pour la bouteille » signifie qu'il se bourre la gueule !

« Il est mal en point » annonce qu'il va mourir !

« Une longue maladie » c'est un cancer.

« Et une bavure policière » « Si tu voyais la gueule de la bavure » comme disait Coluche.

Dans vos débats, une litote bien maîtrisée sera un atout essentiel.

« Ce ne sont que des réformettes ! Comme il y a eu les juppettes ! »

RIDICULISER
MINIMISER
SIMPLIFIER
RÉDUIRE

CHANGEZ DE LIGNE DE MIRE

Du particulier au général et du général au particulier

Souvenez-vous de ce que nous avons dit au chapitre des raisonnements, à propos de la logique déductive ou inductive.

Votre interlocuteur essaye de vous piéger sur un détail. Le détail en soi est sans importance, il n'est là que pour prouver votre incompétence. Quand on a demandé le prix du ticket de métro à Monsieur Giscard D, plusieurs réponses s'offraient à lui : la plus sincère et la plus crédible était de dire ce que tout le monde sait : « *Je ne prends pas le métro, les affaires de la France ne me laissent pas le loisir du moyen de locomotion. Et que penseriez-vous d'un Président qui prend le métro ? Je ne suis pas sûr que les Français en soient fiers !* »

La seconde réponse possible était de poser, dans un autre domaine, le même type de question : « *Connaissez-vous, vous-même, le prix de…* » La dernière solution était d'élever le débat en parlant des prix des moyens de transport, de leurs commodités, des futurs moyens envisagés, etc.

« Combien qu'on a fait d'soja l'année dernière ? »

Le ministre de l'Agriculture passe alors du particulier au général : *« Notre agriculture, depuis plusieurs années, se diversifie en effet et... »*

Ou du général au particulier

« L'état de la recherche en France est lamentable, etc. »

« Le professeur Machin, qui fait autorité en la matière, me disait l'autre jour le contraire... »

Petits exercices-tests
pour vous habituer à changer de ligne de mire

Vous allez faire l'effort de vous mettre à la place des objets cités et de parler d'un thème à leur place. Cet exercice extraordinairement important et efficace vous apprend à répondre à toutes les éventualités, à tous les arguments même les plus farfelus. Si vous deviez n'en pratiquer qu'un seul de ce livre, je vous recommande celui-là.

Il n'est pas aussi difficile que vous pouvez l'imaginer. Pour y parvenir il suffit vraiment, non pas de comprendre l'autre de son point de vue, comme dans l'empathie, mais de se mettre réellement à sa place avec sa propre sensibilité.

En plus de permettre un changement d'angle de vue, il permet de briser les barrières de notre logique. Chacun des acteurs qui sont proposés, a sa logique, sa syntaxe, comme chacun des interlocuteurs que vous rencontrez a la sienne.

Jouez à être sincèrement la cartouche ou l'essuie-glace !

La chasse vue par : Les plombs. Le chasseur. Le lapin. L'écolo. Le garde-chasse. La femme du chasseur. La lapine. Le chien.
L'accouchement vu par : La mère. Le père. Le bébé. Le médecin-accoucheur. Le futur parrain. La sœur du nouveau-né.
Le PV vu par : L'automobiliste. La contractuelle. L'essuie-glace de droite. L'essuie-glace de gauche. La femme de l'automobiliste. Le procès-verbal lui-même.
L'incendie de forêt vu par : L'arbre. Le pompier. Le feu. Le berger. Le promoteur. L'écologiste.
La prison vue par : Le condamné. La victime. Le père de la victime. Le gardien de prison. La mère ou le père du condamné. L'avocat du condamné. L'avocat de la victime.

On pourrait en trouver d'autres…

Exemples d'essais de changement de mire

La chasse vue par un plomb de cartouche
Noir, il fait noir. Nous sommes combien là-dedans, serrés les uns contre les autres ? Tout à l'heure j'avais froid dans notre gaine de carton accrochée à sa ceinture. Maintenant, j'ai chaud, il nous a glissés dans la chambre noire. J'entends ses pas. J'entends Faucol, le chien, qui aboie. Je suis basculé en arrière. Il doit lever son fusil. Un clic-clac et soudain l'explosion. Un choc terrible, une odeur de soufre. Je suis projeté dans

→

un tunnel noir avec un petit trou de lumière là-bas au bout. Sortis du canon à une vitesse inimaginable, nous nous éloignons les uns des autres. Le souffle de l'air est glacial. Flac ! Avec quelques copains, je suis entré dans quelque chose de mou. Il y a du liquide autour de moi. Chaud, rouge, bouillonnant. Pauvre petite bête qui roule comme pour faire une dernière galipette. Et Faucol qui nous prend dans ses dents pour nous ramener à son maître. Il va le faire en civet. Tant mieux, avec la sauce, il ne me verra pas. Je suis planqué derrière un muscle. Quand il le mangera son civet, puisse le petit plomb que je suis lui briser une dent.

La chasse vue par le chien
Ça y est ! Il m'a enfin ouvert la portière. La première chose que je fais dans ce cas, c'est de pisser sur le premier arbre venu. Oh pas trop ! Juste un petit pipi, j'en garde pour les autres arbres, j'aime bien lever la patte pour marquer mon territoire, qu'ils y viennent les autres, tiens, qu'ils y viennent. Et puis je n'ai pas le temps de m'attarder je suis pressé. J'aime bien ce bois, surtout le matin quand on arrive, avec ses herbes mouillées qui me frottent et m'étrillent le ventre. Je cours un peu de tous côtés au début, je me dégourdis les pattes, je fais semblant de renifler la brise et je fonce. Ça me permet d'aller loin, de courir à perte de vue. Ça y est il me siffle, il a peur de me perdre, moi je sais que je le retrouverai où qu'il soit mon maître. Cette odeur de terre, ce bouquet de vieille lavande un peu noircie, ce petit tas de boue où j'aurais bien envie de me rouler ? Je l'ai fait une fois ! Qu'est-ce que j'ai pris ! Alors je

reviens en baissant la tête, je fais beaucoup de chemin parce que je cours en zigzag. Tiens en passant, j'ai eu l'impression d'une odeur de… Bon sang ! Où elle est passée cette odeur, je reviens, repars, je cours en large, en long. Ah ! Ça y est je l'ai retrouvée, j'ai une piste. Alors là je ne sais pas pourquoi mais j'ai les poils des babines qui frémissent tout seuls, j'ai les naseaux pleins de cette odeur de lièvre que je connais bien. C'est par là, je suis sûr qu'il est passé par là. Je fonce, je le vois, j'aboie… Une détonation et le lièvre qui roule. Hourra wawa ! J'ai plus qu'à le rapporter.
Il y a un truc qui m'ennuie quand même, je préfère quand c'est une perdrix ou un canard ! Parce que le civet moi, on ne me donne pas les os. Une fois j'en ai mangé en cachette j'ai été très malade.

L'accouchement vu par le bébé
Oh ! Aïe ! Oh ça va pas ! Moi qui étais bien tranquille à nager paisiblement dans une douce chaleur. J'étais même arrivé à sucer mon pouce tranquille et voilà que depuis deux heures ça gîte et s'agite de tous les côtés, ça pousse, ça crie, ça respire bizarre dehors, par à-coups. Ah ! C'est pas de tout repos et en plus je glisse, je sens que je glisse… Oh ! là ! là ! Je vais pas passer par ce petit trou, moi ! Il a beau s'élargir de plus en plus au point que je commence à sentir de l'air qui passe. Ils vont me faire prendre un rhume avec leur « respirez, respirez ». Et voilà que j'ai les joues coincées, le crâne qui commence à prendre l'air, heureusement que j'ai déjà un peu de cheveux ; et pas moyen de revenir en arrière. Là ça fait mal, je serais un peu coincé

➜

que ça ne m'étonnerait pas... Et j'entends « poussez Madame, poussez ». Maman pousse en criant, qu'est-ce qu'elle a l'air d'avoir mal Maman !
Ma tête passe. Oh bon sang, cette lumière atroce ça me brûle les yeux, maintenant mes épaules ont froid et dans la poitrine une véritable explosion, l'air qui s'engouffre et en plus voilà qu'on me prend par les pieds, tête en bas, que je me reçois deux baffes sur les joues « j'ai mal », je crie « j'ai mal » et eux ils sont contents que je crie...

Passez d'un domaine à un autre domaine (l'analogie vous y aide)

« Il faut revenir aux bonnes vieilles méthodes...

– C'est comme si vous nous disiez qu'il faut s'éclairer à la bougie. »

« Combien de personnes se plaignent de la lenteur de la justice en France ?

– La justice a besoin de temps pour être sereine dans ses jugements. Elle ne peut se permettre de faire du "à la va-vite". »

Passez du fond à la forme de ce qui est dit à qui le dit

« Je n'aime pas beaucoup la manière dont vous me dites cela ! »

« Si vous êtes agressif nous ne pouvons pas nous entendre. »

« Avez-vous vu, vous-même ce dont vous parlez ? »

« Vous êtes vous-même quelqu'un qui... » (jeu de rôle dramatique attribué)

Pour passer du coq à l'âne

Utilisez les mots charnières

« **À propos** » **:** à propos de mon oncle… je vais vous parler de ma tante…
« **Je me souviens…** » **:** un souvenir personnel qui revient.
« **Vous me faites penser à…** » quelqu'un d'autre ? Ou quoi d'autre ?
« **Les aspects** » **:** il y a plusieurs aspects… et vous élargissez.
« **Et inversement !** » **:** un retour à l'envoyeur facile !
« **Merci et puisque vous avez dit…** » **:** trop poli pour être honnête ! (judo)
« **Je vous plains** » **:** je suis affligé pour vous.
« **Félicitations** » **:** vous avez de quoi être fier ! (ironie)

CRÉER LE DOUTE
CRÉER LE DOUTE
CRÉER LE DOUTE
CRÉER LE DOUTE
CRÉER LE DOUTE
CRÉER LE DOUTE
CRÉER LE DOUTE !

LES NON-DITS DIALECTIQUES

Il est souvent utile dans le débat duel de jouer du « non-dit », c'est un paralangage qui met à mal votre interlocuteur.

Donnez du flou

L'objectif est de faire croire que votre interlocuteur n'est pas très net et de laisser aux observateurs l'impression qu'on les trompe :

« Seriez-vous en train de mentir ? »

« Je sais que vous pensez que… »

Jouez la réflexion à haute voix : *« J'ai dû mal entendre ! »*

La rumeur ! Ce n'est pas joli-joli mais ça gagne !

Fausse ou vraie, peu importe, elle a un caractère de preuve. Le seul fait d'émettre une rumeur la fait exister. Elle n'est pas vérifiable, ni quantifiable : *« Il n'y a pas de fumée sans feu. »*

La rumeur en dialectique est une banalisation puisque celui qui l'émet le fait directement dans le débat, il colporte à visage découvert. Il s'agit plutôt d'une sorte d'hypallage.

« Tout le monde sait… » « Qui tout le monde ? » *« On dit que vous avez fait ceci ou cela… »* « Ce n'est pas moi qui le dis ! »

Pour contrer la rumeur émise par votre adversaire rien ne sert de la démentir, la seule solution que vous avez et qui peut être efficace est de s'attacher à la source. Discréditez donc ceux qui la transmettent !

« Il ne vous manquait plus que de colporter les ragots et les on-dit. »

« Et si vous pensiez par vous-même ? »

« Vous êtes passé par les égouts en venant ici ? »

« Vous savez qui sont ceux qui disent ces contre-vérités ? Ce sont vos adversaires… »

La rumeur, celle qui court lâchement sous le manteau, meurt d'elle-même avec le temps parce qu'elle n'intéresse plus personne, ou parce qu'elle était vraie et cesse alors d'être une rumeur pour devenir une information.

La menace du danger

Elle fait poindre la crainte chez votre interlocuteur : *« Vous allez voir ce que vous allez voir ! »*

Elle annonce sans dire, elle prédit sans identifier. *« Et quand nous en viendrons là, j'ai de quoi vous étonner ! »*

LA REFORMULATION : UNE ARME DE MANIPULATION

Reformulez pour détruire

Reformuler est considéré comme un moyen des plus efficaces dans l'écoute active. Nous l'avons dit celui qui reformule et obtient la validation de sa reformulation se facilite une bonne compréhension. Si la reformulation ne convient pas à son interlocuteur, il corrige et vous évite ainsi de partir sur des chemins de traverse.

Oui mais, utilisée à des fins beaucoup moins honnêtes, la reformulation est sans doute la plus perfide des ripostes, la plus fine des manipulations, la plus extraordinaire des machinations.

Reformulez pour déstabiliser

Mieux encore que la reformulation, la réitération, le renvoi en écho d'un mot ou d'un groupe de mots peut déstabiliser « vite fait » votre adversaire.

« Je n'aime pas les femmes qui, sous prétexte de... »

« Vous n'aimez pas les femmes ? »

« Euh ! Les femmes, mais si, je les aime, je ne suis pas homo et... »

« Je ne veux pas vous prendre au mot, mais vous avez dit... »

« Cela n'a pas de rapport avec... »

« Ah ! Si vous n'avez pas de rapport évidemment ! »

Il s'agit ici d'une exagération caricaturale de l'utilisation de la reformulation mais elle montre bien que l'on peut facilement se servir de ce procédé.

Reformulez pour clarifier en déformant

Mettez en évidence ce qui est encore confus.

« Face à l'immigration, si l'on ne remet pas en cause nos vieux principes, je ne donne pas cher de notre République.

– Pas cher, pas cher ! Vous pensez que la République est à vendre.

– Non ! Je dis que nos principes ne répondent plus à la réalité sociale de notre époque.

– Si j'ai bien compris vous remplaceriez Liberté par Garde-à-vue, Égalité par Délit de sale gueule et Fraternité par Charters ? »

La charge ridiculise, mais fait passer un message fort.

Reformulez pour pousser le bouchon

Vous reprenez un élément exprimé qui vous fait penser que votre adversaire n'a pas tout dit. Alors vous le poussez un peu pour qu'il trébuche.

« Quand vous dites que c'est un détail de l'histoire, vous le pensez vraiment ?

– Oui ! Je dis que c'est un détail par rapport à l'ensemble de ce qu'il s'est passé ailleurs…

– Ailleurs ?

– Oui ! On ne parle pas assez des Russes, des Roumains, des Arméniens…

– Donc vous dites que c'est un détail parce qu'il s'agissait de Juifs ! »

Reformulez pour sélectionner

Vous laissez une partie de la réponse pour ne vous attacher qu'à un aspect.

« Vous nous avez parlé du passé, du présent et de l'avenir, revenons au passé… »

« Vous venez de dire que dans cette réforme vous trouviez des éléments que vous jugiez positifs et d'autres non, quels sont les éléments qui vous paraissent négatifs ? »

Reformulez pour renverser la vapeur

Pour changer l'angle de vue vous rajoutez le non-dit que vous avez entendu.

« Vous avez dit : nos concurrents se sont très bien adaptés aux nouvelles techniques, voulez-vous dire que vous, non ? »

« Quand vous nous dites : sur ce point, je vais vous dire la vérité. Cela signifie-t-il que, sur les autres points, vous êtes prêt à mentir ? »

« Vous nous dites : il faudrait faire plus, cela signifie donc que vous n'êtes pas d'accord avec les mesures déjà prises ? »

Reformulez pour recadrer

« Ma question portait sur… et vous me répondez sur autre chose… Je la reformule donc… »

« Sans doute m'avez-vous mal compris, je faisais allusion à… »

« Si vous préférez, en d'autres termes… »

Reformulez pour faire la synthèse

C'est en faisant la synthèse que, bien souvent, vous pourrez déformer ce qui a été dit, minimiser, exagérer, tronquer, interpréter, sélectionner.

« Si l'on voulait résumer votre pensée pourrait-on dire que… c'est cela ? »

« Pour simplifier ce que vous venez de dire vous pensez donc… »

« Je pense ne pas vous trahir en disant que vous… »

Reformulez pour verrouiller

Vous reformulez un élément comme s'il était acquis. En lui donnant un aspect formel. On n'y reviendra plus !

« Bon, vous n'êtes pas pour la réduction du temps de travail, c'est une chose acquise… Passons à… »

« Votre opinion est claire sur ce point. Mais qu'en est-il de cette autre question ? »

Face à une objection

Schéma d'une stratégie préclose

1. Valorisez ce qu'il dit (et non l'objection !) :
« Vous avez raison… C'est un point important… »
2. Qualifiez son intervention :
« Qu'entendez-vous par là ? »
3. Reformulez sa réponse :
« Si j'ai bien compris ce que vous dites… »
4. Isolez l'objection :
« À part ce point le reste vous convient ? »
5. Préclore :
« Donc si je réponds sur ce point, nous sommes d'accord. »
6. Traitez et répondez au point précis.
7. Concluez en verrouillant.

QUELQUES BOTTES SECRÈTES

Les effets de listes et l'effet méli-mélo

Par le cumul et l'abondance, l'effet de liste prend un caractère de preuve. Attention, dans les effets de liste, votre adversaire risque de faire passer des éléments qui n'ont aucun rapport entre eux.

Plutôt que de dire : « *Toute l'Europe...* », dites : « *L'Espagne, la France, l'Italie, la Suède, l'Angleterre, le...* », cela sera plus fort. Il y a un cumul qui renforcera votre impact.

Les effets de persécution

« Le chômage c'est vous ! La réduction de la consommation c'est vous ! Les grèves c'est vous ! Le pouvoir d'achat qui diminue c'est vous ! Les grèves c'est encore vous, etc. »

Le harcèlement par répétition, lié à un effet de liste, prend des allures d'écrasement, d'anéantissement. Même si en y regardant de plus près on mélange tout !

Les phrases omnibus

Il est bon d'avoir toujours dans une poche « revolver » quelques phrases passe-partout pour pouvoir les sortir au bon moment. C'est bien cela l'important : le bon moment ! Soit parce que l'on se sent piégé, soit parce que l'on estime qu'elle colle parfaitement à ce qui vient d'être dit.

« L'ordre n'est jamais qu'un simulacre de désordre organisé ! »

« Oh ! Vous savez, tout est dans tout. »

« L'air qu'on respire vaut mieux que pas d'air du tout. »

« La liberté c'est de pouvoir dire que l'on n'est pas libre. »

Pensez à l'affectif

Il faut avoir à l'esprit que la pure démonstration logique est sans âme alors que ce qui touche est fait de sentiments et d'affect. Ne dites pas : *« Les événements que nous avons vécus sont la preuve que tout n'a pas été fait dans ce pays pour aider l'insertion de certaines populations… »*

Mais plutôt : « Les événements *dramatiques* que nous avons *douloureusement* vécus sont la preuve *irréfutable que rien* n'a été fait dans notre pays de *liberté, d'égalité et de fraternité* pour *faciliter l'insertion* de ces populations *marginalisées depuis des décennies…* »

S'il y a une chose que nous ne supportons pas, c'est qu'on nous mente, qu'on puisse nous rouler dans la farine. Cette attitude emmène chacun de nous à se poser la question sur la sincérité de l'autre. Jouez donc sur cette sincérité pour la remettre en question, cela sera du plus bel effet sur ceux qui vous écoutent ou participent à votre débat.

« Répondez-moi maintenant franchement ! Est-ce que… ? »

« Voulez-vous me dire très sincèrement si… ? »

« Pensez-vous réellement que… »

« Nous cacheriez-vous quelque chose ? »

« J'ai peur que vous ne vous rendiez pas compte de l'importance de… »

Toutes ces questions créent le doute sur le reste des explications émises par votre interlocuteur, elles insinuent sa non-sincérité, son manque de franchise.

Impliquez-le

Les mots nous entraînent souvent très loin. Ils peuvent donner le change. Les donneurs de leçons sont légion, il faut ceci, il faut cela. N'hésitez pas à impliquer votre interlocuteur, c'est en le touchant personnellement ou en le mettant directement en cause qu'il peut perdre de sa superbe.

« *Mais vous-même, dans une situation semblable, croyez-vous...* »

« *Si votre fils se trouvait dans cette situation que feriez-vous ?* »

« *Êtes-vous crédule au point de penser que... ?* »

« *Je vous crois trop intelligent pour penser que...* »

Ce type de question déstabilise par le transfert qu'il provoque. Il oblige l'autre à passer du plan des idées au plan de l'affectif et les choses alors ne sont plus aussi simples.

La tautologie c'est la tautologie !

Pour satisfaire un principe de fermeture qui bien souvent vous sera fort utile, la tautologie est d'une efficacité étonnante et d'une facilité d'utilisation incroyable il suffit de donner pour définition à un mot le mot lui-même.

« *Une femme c'est une femme* », « *l'argent c'est l'argent* » et « *une alerte à la bombe c'est une alerte à la bombe* ».

Au-delà du principe de fermeture, la tautologie a l'air de sous-entendre, elle peut donc aussi créer le doute : *« Qu'est-ce qu'il veut dire par là ? »*

CONVAINCRE PAR LES QUESTIONS

Des questions pour avoir raison

L'art de poser les bonnes questions pour que l'autre trouve tout seul les bonnes réponses fait partie de ce que l'on appelle la maïeutique. Faire accoucher les esprits relève d'une pratique qui fait sans doute de Socrate le premier des coachs.

Mais le questionnement, tout comme la reformulation, peut être aussi déstabilisateur, manipulateur, tordu, vicieux, dévastateur…

N'oubliez pas que celui qui pose une question se positionne aussitôt comme le professeur vis-à-vis de l'élève. Dans les jeux de rôle dont on a parlé, il est bon d'en tenir compte.

Le questionnement déstabilisateur

« Est-ce que vous vous rendez compte de ce que vous venez de dire ? »

« Connaissez-vous l'étymologie du mot que vous venez d'employer ? »

« Pouvez-vous me dire comment faire pour gagner plus en travaillant moins ? »

Quelle que soit la question, elle met votre interlocuteur dans une situation difficile, soit parce qu'il devine ou croit deviner qu'il y a un piège (stratégie du doute), soit parce qu'il n'est pas sûr de sa réponse, soit parce qu'il est entré tout simplement dans un jeu qu'il ne maîtrise pas.

Si vous vous trouvez vous-même dans cette situation du questionné n'y restez pas ou renvoyez la question.

L'une des remises les plus efficaces que je connaisse est sans doute la question en réponse qui consiste à dire : *« Pourquoi me posez-vous cette question ? »* Cela marche toujours, c'est lui qui va devoir s'expliquer sur sa propre question. Cela vous repositionne, vous donne du temps de réflexion, et sans doute dans son explication vous aurez déjà sa réponse !

De la même veine, il y a aussi les : *« Et vous qu'en pensez-vous ? »*, *« Est-ce que vous pourriez être plus clair ? »*, *« Je vois très bien où vous voulez en venir »*, *« C'est une question sans intérêt »*.

Le questionnement en contrepoint et la fausse curiosité

Nous avons déjà parlé de l'importance du contrepoint. Quand il s'agit d'une question avec sous-entendu, le contrepoint devient redoutable :

« Ah bon ? » « Non ? » « Vous croyez ? » « Et alors ? » « Comment cela ? » « Vous pouvez me redire cela ? »

« Je suis curieux de connaître votre opinion sur... »

Simplifiez ou rendez obscur votre vocabulaire

Pour avoir des réponses précises, il faut être sûr d'être bien compris. Si vous utilisez des mots de spécialiste, vous courez le risque d'être « corrigé » par le spécialiste sur un terme mal employé. En revanche, un mot bien savant que l'autre connaît mal peut l'inquiéter, le troubler.

Vous pouvez faire appel à des connaissances tellement spécifiques que vous êtes à peu près sûr de son ignorance sur ce point. *« Vous qui vous dites spécialiste du non-verbal, vous avez certainement lu le livre de Jousse :* L'anthropologie du geste. » Il y a peu de chance qu'il l'ait lu. Quant à l'étude produite dans une thèse de troisième cycle ayant trait aux *Restes de dialecte sumérien du village des Coltochocopanctes*, vous êtes à peu près certain qu'il l'ignore !

La question « je t'embrouille »

Il ne faut pas se tromper sur son emploi, elle consiste à rendre hermétique le thème traité en l'organisant de telle manière que la réponse soit risquée. Le chapelet de questions et les dilemmes proposés vont mettre à mal la compréhension de la réponse. Mais attention si vous êtes le seul à vous comprendre, le procédé peut effectivement se retourner contre vous.

« Êtes-vous pour la réduction du temps de travail et le maintien des salaires ainsi que pour la maîtrise de l'inflation ou pensez-vous que la réduction des taxes doit se faire pour les moyennes et grandes entreprises afin d'assurer les emplois et peut-être d'en créer de nouveaux et si oui, comment ? »

Si votre interlocuteur arrive à répondre avec clarté, il est fichtrement fort !

En revanche, si on vous fait le coup demandez-lui : *« À laquelle de toutes ces questions voulez-vous que je réponde ? »* et c'est lui qui s'expliquera.

Question d'influence : la question parti pris ?

« Que pensez-vous de ce lamentable comportement qui résulte du protectionnisme américain dont la pratique irresponsable fait subir de grandes menaces sur le monde entier ? »

Il lui sera difficile de répondre : *« Je suis pour ces comportements-là ! »*

Nous savons bien que la manière de poser la question et de présenter le thème est subjective.

« J'aimerais savoir si vous pouvez... ? »

Ou : *« J'aimerais savoir pourquoi vous ne pouvez pas... »*

« J'attends avec un sincère intérêt votre réponse. »

Ou : *« Je sens que votre réponse va m'amuser ! »*

La marche à vide pour se donner du temps

Si vous ne souhaitez ou ne pouvez répondre à une question, utilisez la langue de bois le temps de vous refaire une santé. Je vous ai préparé une matrice dans laquelle vous pouvez piocher de quoi vous sortir de n'importe quel guêpier !

Le fameux et trop connu : *« Je vous remercie de m'avoir posé cette question, mais je voudrais tout d'abord vous faire remarquer... »* est certainement un bon moyen de différer une réponse et surtout de dire ce que l'on veut dire... Trouvez une variante. Faites par exemple une synthèse de ce qui vient d'être dit. Dans la marche à vide vous utiliserez la périphrase, la paraphrase, la reformulation, la répétition.

APPRENEZ À PARLER LA LANGUE DE BOIS

Dans la matrice de « La langue de bois » que j'ai confectionnée pour vous, amusez-vous à prendre le premier élément de phrase dans la colonne 1 (où vous le souhaitez) et continuez en prenant le suivant dans la colonne 2, quel que soit le rang, en bas en haut au milieu, puis enchaînez dans la colonne 3 à un autre niveau si vous le souhaitez puis dans la colonne 4… Vous apprendrez ainsi que l'on peut parler pour ne rien dire si vous ne le saviez pas déjà.

Ce type de morceaux choisis faits de mots génériques, de belles intentions et d'absence de faits concrets peut très bien vous permettre de donner le change. Entraînez-vous à ce jeu-là ! Vous verrez qu'il n'est pas si difficile que cela !

Nous avons appelé ce procédé « La marche à vide ». Cette marche à vide qui permet de prendre le temps de se ressaisir sur une réponse qu'on n'a pas, avant de revenir les pieds sur terre ou de passer à autre chose.

Plongez-vous dans cette matrice et voyez comment vous pourrez l'utiliser et quand ?

1	2	3	4
Chers collaborateurs. C'est sans langue de bois que je tiens à vous dire	les facteurs économiques actuels qui sous-tendent les effets constatés	exigent de prendre des mesures fortes et de mettre à l'étude comme je l'avais déjà proposé l'année dernière	des réorganisations qui permettront d'aller de l'avant et d'obtenir des résultats satisfaisants. C'est après avoir tourné sept fois ma langue de bois dans la bouche que je vous dis : courage, l'avenir est devant nous !
Le chômage et les diverses situations qui l'engendrent,	l'état actuel du marché, autant que les prévisions annoncées,	pèsent lourdement sur la situation présente et tout le démontre aujourd'hui, il faut avoir le courage d'envisager	de nouvelles formes d'action qui pourront répondre aux besoins toujours plus urgents et importants au-delà de la langue de bois.
Les pollutions toujours plus fortes qui guettent notre environnement,	les responsabilités que chacun de nous doit assumer en toute conscience	obligent l'ensemble des acteurs à s'impliquer d'une manière plus forte pour trouver dans les délais les plus brefs	des processus nouveaux de langue de bois et des moyens à la hauteur de l'enjeu qui se présente à nous pour être rapidement opérationnels dans un futur proche.
Les événements récents et trop souvent tristes et dramatiques des banlieues,	les conditions de vie de certains, la précarité de notre système social, mais aussi environnemental,	nécessitent une remise en question totale de notre façon de traiter ces problèmes. Nous devons mettre toute notre énergie, toute notre volonté pour concrétiser	des solutions qui soient autre chose que des souhaits éphémères et des promesses de lendemains qui chantent. La mise en œuvre de ces solutions permettra d'avancer considérablement. Il faut arrêter de parler la langue de bois !

Les partis de droite et leurs divergences, leur soif de pouvoir n'ont plus la confiance des citoyens. Dans un contexte de crise,	les problèmes de notre société qui cristallisent les craintes et les peurs de nos compatriotes	font comprendre de façon cruelle mais ô combien frappante que le temps des belles paroles n'a plus lieu d'être et qu'il faut oublier les rancœurs et les divergences pour s'asseoir autour de la même table afin d'élaborer tous ensemble	des stratégies à court et à moyen termes qui mettront les Français et la France sur le bon chemin. Celui du progrès, du renouveau, et de la réussite sans langue de bois.
Les partis de gauche et les leaders qui les dirigent connaissent les travers de la droite comme	les conséquences directes qui en résultent font qu'aujourd'hui chaque responsable doit se poser les vraies questions car les vraies questions	doivent interpeller le monde politique pour qu'il fasse de ces problèmes une priorité Il y va de l'avenir de notre société. Cet avenir repose sur la mise en application	des mesures à la fois rigoureuses et justes. Ces mesures ne peuvent plus attendre je l'ai dit, je le redis c'est en avançant ensemble sur le chemin de la réforme que nous récolterons les fruits de notre courage.
Le vieux système éducatif que nous connaissons depuis de nombreuses années a fait son temps. Les échecs scolaires ainsi que	les nombreux rafistolages mal compris, souvent revus parce que mal adaptés à la situation réelle, ces résistances aux changements toujours plus grandes	conduisent de façon inéluctable à la mise en cause de nos traditions et nos habitudes en la matière. Ce n'est qu'en ayant la ferme intention de revoir avec un œil neuf les conditions de nos fonctionnements actuels que nous pourrons envisager	des projets d'avenir basés sur le désir de progresser et de réussir. C'est aussi à la solidarité de tous que je fais appel car c'est elle qui doit rester le fer de lance de nos idées, de nos envies, de nos actions. C'est à ce prix que chacun de nous se réalisera dans sa plénitude.
Françaises, Français, notre beau pays vient de vivre de grandes difficultés :	les confrontations d'idées, les incompréhensions réciproques, la marginalisation des concepts de liberté partagée, l'émergence des partis pris	mettent à jour ce qui depuis longtemps devait couver sous la braise. Je remercie toutes et tous qui avez fait front face aux événements pas toujours	de nouvelles approches coopératives où chacun pourra trouver une libre parole partagée dans la sérénité et la fraternité. Dès aujourd'hui →

		simples et toujours complexes. Demain sera un autre jour et demain nous appelle dès aujourd'hui à reconstruire	**donc, je prends les dispositions nécessaires pour que le futur soit un futur plein d'avenir.**

Conclusion

Vous êtes maintenant armé pour être écouté et compris, vous savez voir pour entendre et écouter pour comprendre, vous avez appris les divers types d'argumentation et vous savez répondre du tac au tac. Vous n'avez plus qu'à choisir les cinq minutes où vous allez faire mouche. Il n'en faut pas plus…

Et vous convaincrez qui vous voulez ! La preuve ?

Un lecteur nous dit :

« J'ai lu et appris ce livre de bout en bout, alors si ce livre doit me permettre de convaincre qui je veux, laissez-moi convaincre votre éditeur de me le rembourser.

Et si je n'arrive pas à le convaincre c'est que votre livre n'est pas suffisamment efficace et il devra donc me le rembourser aussi. »

L'auteur lui répond :

« Désolé mon cher ami, mais si vous arrivez à convaincre mon éditeur de vous rembourser c'est que le livre est sacrément efficace et vous ne l'avez pas acheté pour rien, pas question donc de le rembourser.

Et si vous ne parvenez pas à le convaincre, à plus forte raison il ne le remboursera pas. »

Bibliographie

Abric J.-C., *Psychologie de la communication*, Armand Colin, 1996.

Belanger J., *Technique et pratique de l'argumentation*, Dunod, 1970.

Bellenger L., *La négociation*, Puf, 1984.

Damasio A. R., *Le sentiment même de soi*, Odile Jacob, 1999.

Delaunay D. et Wallaert G., *Vente et analyse transactionnelle,* Dunod, 1989.

Fisher R. et Ury W., *Comment réussir une négociation*, Seuil, 1982.

Joule R.-V. et Beauvois J.-L., *Petit traité de manipulation à l'usage des honnêtes gens*, Presses universitaires de Grenoble, 1987.

Joule R.-V. et Beauvois J.-L., *La soumission librement consentie*, Puf, 1998.

Goffman I.K., *Les rites d'interaction*, Éditions de Minuit, 1974.

Lewin K., *Psychologie dynamique : les relations humaines*, Puf, 1959.

Maisonneuve J., *Psychologie des affinités*, Puf, 1966.

Martin J.-C., *Le guide de la communication*, Marabout, 1999.

Mehrabian A., *No verbal communication*, Aldine, 1972.

Morris D., *La clé des gestes*, Grasset, 1978.

Mucchielli A., *L'art d'influencer*, Armand Colin, 2000.

Piattelli Palmarini M., *L'art de persuader*, Odile Jacob, 1999.

Reboul O., *La rhétorique*, Puf, 1984.

Rogers C., *Le développement de la personne*, Dunod, 1967.

Table des matières

Sommaire 5

Avant-Propos 7

Introduction – 5 minutes dites-vous ? 9

1 – Se montrer sympathique 13

« Tu veux convaincre ?
Essaye déjà d'être écouté ! » 13

« Il ne me revient pas celui-là ! » 13
« J'sais pas pourquoi j'ai raison mais je me le prouve ! » 14
« Je fais un détour pour acheter le journal » 15
« Je t'aime ! » « Moi non plus ! » 16

« Pas sympa, vous ne convaincrez pas ! » 18

Les facteurs comportementauxde sympathie 18

Les quatre facteurs qui engendrent la sympathie 19

1. Regardez… 19
   Regarde et partage *19*
   J'ai l'air d'être ici mais je suis là-bas *20*
   Vous n'avez pas les bras assez longs ?
   Vous voilà retors ! *21*
2. Ouvrez votre gestuelle 23
   Le coude est l'âme du bras ! *23*
   Laissez vos mains au bout de vos bras ! *24*
   Vous empochez une main ? Pas les deux ! *24*
3. Souriez… 26
   Sourire pour être complice *26*
4. Écoutez… 28
   Si tu m'écoutes, tu m'es sympathique *28*

2 – Écoutez ses gestes 31

Une simple poignée de main et tout est perdu… ou gagné 31

Mets ta main dans la mienne pour voir ! 31
« Vous avez demandé à vos amis ce qu'ils pensent de votre poignée de main ? » 33
Votre main tendue : une arme fatale 35

Qu'est-ce que vous dites sans parler ? 37

Le simple fait d'être présentnous fait communiquer 37
Cohérence ou incohérence 38
Consonance ou dissonance 38
Congruence ou incongruence 39

L'enfer est en bas le paradis est en haut 42

Les gestes suicides = gestes descendants 42
Les gestes vainqueurs = gestes montants 43
Des gestes d'appartenance = gestes tribaux 44
Le code gestuel du savoir-vivre en société 45
« Je suis maître de moi comme de l'univers » 46
Les gestes qui révèlent une personnalité 49
1. Les gestes pointeurs : gestes des doigts 49
2. Les gestes quantitatifs : gestes des mains entières 49
3. Les gestes pictographes 49
4. Les gestes idéographes 49
5. Les gestes kinétographes 49
« Ouvrez l'œil ! Et le bon ! » 50
Les gestes justes = cohérence et positionnement 51
Gestes de ponctuation et rythmiques 53
Les gestes qui vous trahissent 54
Vous avez des petites bêtes ou quoi ? 55
Un seul regard pour tout comprendre 55
Gardez vos distances 56
Nos zones d'interaction = un périespace à géométrie variable ... 57
La rupture de zone peut vous servir 58

3 – Se faire bien comprendre.................................. 61

Prends du temps pour écouter tu en gagneras pour convaincre.. 61

Tu as entendu la même chose que moi ? 61

« Chacun sa vérité et les vaches seront bien gardées ! » 62

Les barrières d'une bonne écoute 63

Transfusions..63

Inversions..63

Réduction..63

Interprétations..63

Scotomisation 64

Prédictions 64

Représentation 65

Expression 65

Pour l'écouter il faut qu'il parle.............................. 67

La première écoute : une question d'intérêt 67

« J'entends ce qu'il dit »..67

Les outils sont connus..68

La deuxième écoute : une question de climat..............................70

« J'entends ce qu'il ne dit pas »..71

Une deuxième paire d'oreilles bienveillantes..............................72

Des outils complémentaires spécifiques 72

Vous répondez à quel niveau ?.............................. 76

Papa t'as rien compris ! 76

En réalité vous vous dites bien des choses encore...... 78

Et pourquoi vous répondez non ? 79

Et si vous lui disiez la vérité : « J'ai peur ! »..............................81

Le message « Je » 82

Voilà où j'en suis et toi ?...82

La minute de vérité en négociation...82

Les transactions qui entrent dans vos jeux de communication 83

Les basiques de l'analyse transactionnelle 83
J'ai un « moi » dans tous ses états ! 83
J'agis et je réagis en fonctionde trois États..84
J'agis et je réagis en fonction de l'autre 85
Passer de la transaction croisée à la transaction parallèle réduira les tensions 88

Les 3 États relationnels 89

« Ah je ne trouve pas mes chaussettes ! » 90

Un scénario classique 90

Les transactions entre des États identiques 92

État Parent – État Enfant 92
État Enfant – État Enfant 92
État Adulte – État Adulte 92

Dialogue entre un conducteur et sa femme 93

Votre patron vous dit : « Vous avez fait une bourde, là » 94

Votre patron vous dit : « Vous n'avez pas atteint vos objectifs. » 95

Les scénarios déguisés 96

La transaction cachée..96
La transaction biaisée 97
Le jeu du timbre doré au timbre noir 98
Non Papa je ne suis plus un enfant 99
Nous sommes tous des caméléons..100

Rôles dramatiques ou techniques 101

S.V.P. ! 101
Vrais ou faux persécuteurs ? 102

Vraies ou fausses victimes ? 102
Vrais ou faux sauveteurs ? 103
Des États dans tous les rôles 103

Le linge sale en famille 106

Le torchon brûle 106
Vidage de sac pour couple = le temps de se réconcilier 107

4 – Argumenter pour avoir raison 109

Tu veux avoir raison ? 109

Si l'on essayait d'y voir plus clair ? 110
Convaincre par le raisonnement ou persuader
par le sentiment ? 112
Raison de plus pour avoir raison 112
Parler pour ne rien dire 113

Les raisonnements dits rigoureux 114

Les raisonnements déductifs (synthétiques) 115
Le maillon faible 115

Les raisonnements non rigoureux 118

Les raisonnements de type inductif 118
Les avantages des raisonnements analogiques 120

Les raisonnements normatifs 123

Que voulez-vous répondre à cela ? 124
Le raisonnement normatif : un danger 125

Une synthèse logique expliquée par l'analogie 130

Soyons logique ! 130
Autrement vous diriez comment ? 130
De l'analogie à la logique et inversement 131

5 – Convaincre un public 133

Vous avez 30 secondes pour accrocher
votre public ou le perdre 133

« Quelle est la vitesse de Dieu en plein vol ? »
« Un bon mot pour un bon mot, ça ne vaut pas le coup ! ».... 134
Engendrer la sympathie… avec les mots aussi ! 135
Créer la surprise :
« Quelle est la vitesse de Dieu en plein vol ? » 136
Susciter la curiosité :
« Quelle est la vitesse de Dieu en plein vol ? »...................136
Évoquer le contenu :
« Quelle est la vitesse de Dieu en plein vol ? »...................137
L'introduction ? Pas chapô ! 138

En public : les principes P.I.C.................................. 140

P comme Plaire 140
I comme Instruire...141
C comme Convaincre 142

Les lois de proximitépour toucher juste.................... 142

La terre tremble à Nice… 150 morts à Tokyo !.........................143
« Schopenhauer a écrit… » « Si je le choppe celui-là ! »..........144
« Il faut l'abattre comme un chien… Mais pas le chien ! ».......145
« Le passé est imparfait, le présent c'est du plus que parfait
dans le futur proche… » 146
« Tu n'aurais pas un tire-bouchon ? »
« Non ! Mais j'ai un peigne ! » 146

Convaincre par son discours Motiver, impliquer...... 148

Messieurs et chers administrés…Bonjour et merci de… 148
Allez, du nerf ! De la vigueur !..149
Ne vous plantez pas !..149
Arrêtez le massacre ! De l'empathie bon sang ! 150
Expliquer pour motiver...150
Motiver pour impliquer 151
Objectiver la subjectivité de vos points de vue 152
« Voilà mon opinion »… C'est foutu ! 153

La méthode F.O.S.I.R.. 154

La présentation des arguments...154

6 – Des supports visuels pour convaincre 159

Convaincre en exposé – La méthode C.H.O.C. 159

Exposer, c'est s'exposer 160
Ciblez votre exposé : « Quel objectif et pour qui ? » 161
Hiérarchisez vos arguments :
« Je vais leur dire quoi ? » 162
Organisez votre exposé :
« Je vais leur expliquer comment ? » 162
Construisez vos supports :
« Je vais faire des slides S.I.C.A.V. ! » 163

Des slides pour quoi ? 163

Un principe permanent 163
Pourquoi des aides visuelles ? 163
Deux cerveaux pour comprendre
(Roger Sperry, prix Nobel 1981) 165

Des slides écrits pour convaincre 166

Ce sont des mots qui sont vus 166
Deux types d'utilisation 166
La loi de Georges A. Miller 166
Des mots pleins 167
La charte graphique 168

Bien présenter ses slides 169

L'ordre de passage de vos slides 169

Des images pour convaincre
Les slides efficaces en exposé 170

Regardez mes slides comme ils sont beaux ! 170
Ziiig ! Zang ! Zoug ! Boum ! Flasch ! et Youpiiii !!! 170
Pratique des graphiques spécifiques 171

Les tableaux 172

Commentaire oral 172

Les colonnes 173
Ce sont les rectangles verticaux 173
Les histogrammes 174
Les colonnes accolées 174
Colonnes empilées 175
Le tout et les parties 175
Les colonnes négatives 176
Les valeurs sous le point mort 176
Colonnes en 3D 177
Ce sont les colonnes en volume 177
Les barres 178
Ce sont des colonnes horizontales 178
Les secteurs 179
Les graphiques 180
Courbes et autres représentations linéaires 180
L'organigramme des principaux slides 183
Convaincre avec des slides adaptés 183
Obtenir des consensus de groupe 184
Alors ça ! 184
Avant les consensus : les compromis 184
Les consignes 187
Pour un consensus rapide :
la méthode analytique 188
Une méthode analytique efficace 191
7 – La dialectique de combat 193
Messieurs, êtes-vous prêts ? 193

La sympathie du chapitre 1
Se montrer sympathique (page 13) 194
L'œil qui écoute du chapitre 2
Apprendre les gestes qui sauvent (page 31) 194
Les deux paires d'oreilles ouvertes du chapitre 3
Se faire bien comprendre (page 61) 195
L'argumentation bien préparée du chapitre 4
Argumenter pour avoir raison (page 109) 195

Avant de croiser le fer 196

Le choix des armes : rhétorique ou dialectique ? 196
Deux dialectiques pour un seul homme 197
Une logique de contradiction 198
Et la rhétorique alors ? 199
Passer du coq à l'âne ou clouer le bec de vos adversaires ? 199

Avant d'engager le fer 200

3 principes fondamentaux 200
Principe n° 1 : attaquer par la bande ! 201
Principe n° 2 : ne jamais paraître déstabilisé 203
Principe n° 3 : identifier le procédé, dénoncer, contre-attaquer 205

Tactiques et stratégies gagnantes 207

L'ordre social : qui suis-je ? Et qui êtes-vous ? 207
Les rôles techniques qui vous crédibilisent 207
Les rôles qu'il faut dénoncer 208
La rupture de l'ordre social 209
Faites-lui subir un régime grossissant ! 210
Allez au bout du bout 212

Mettez-le au régime amaigrissant ! 213

Du simple au simpliste 214
Jouez l'inconsistance de l'argument 214

Changez de ligne de mire 215

Du particulier au général et du général au particulier 215

Passez d'un domaine à un autre domaine
(l'analogie vous y aide) 220
Passez du fond à la forme de ce qui est dit à qui le dit 220

Les non-dits dialectiques 222
Donnez du flou 222
La rumeur ! Ce n'est pas joli-joli mais ça gagne ! 222
La menace du danger 223

La reformulation :
une arme de manipulation 224
Reformulez pour détruire 224
Reformulez pour déstabiliser 224
Reformulez pour clarifier en déformant 225
Reformulez pour pousser le bouchon 225
Reformulez pour sélectionner 225
Reformulez pour renverser la vapeur 226
Reformulez pour recadrer 226
Reformulez pour faire la synthèse 226
Reformulez pour verrouiller 227

Quelques bottes secrètes 228
Les effets de listes et l'effet méli-mélo 228
Les effets de persécution 228
Les phrases omnibus 228
Pensez à l'affectif 229
Impliquez-le 230
La tautologie c'est la tautologie ! 230

Convaincre par les questions 231
Des questions pour avoir raison 231
Le questionnement déstabilisateur 231
Le questionnement en contrepoint et la fausse curiosité 232
Simplifiez ou rendez obscur votre vocabulaire 232
La question « je t'embrouille » 233
Question d'influence : la question parti pris ? 234
La marche à vide pour se donner du temps 234

Apprenez à parler la langue de bois 235

Conclusion 239

Bibliographie 241

Pour recevoir notre catalogue, merci de bien vouloir photocopier, recopier ou découper ce questionnaire et nous le retourner complété à :

Éditions Leduc.s
33 rue Linné
75005 Paris

Vous pouvez aussi répondre au formulaire disponible sur Internet :

www.leduc-s.com

NOM : ....

PRÉNOM : ....

ADRESSE : ....

....

CODE POSTAL : ....

VILLE : ....

PAYS : ....

ADRESSE@MAIL : ....

ÂGE : ....

PROFESSION : ....

Titre de l'ouvrage dans lequel est insérée cette page :

5 minutes... pour convaincre

Lieu d'achat : ....

Avez-vous une suggestion à nous faire ?

....

....

....

À .... LE ....

Conformément à la loi Informatique et Libertés du 6 janvier 1978, vous disposez d'un droit d'accès et de rectification aux données personnelles vous concernant.

Achevé d'imprimer en Espagne par

LITOGRAFIA ROSÉS S.A.

Gavà (08850)